fernando gabeira DEMOCRACIA**TROPICAL**

No banco dos réus, Fernando Gabeira, em 1970, no Rio de Janeiro, é julgado pela participação no sequestro do embaixador norte-americano Charles Burke Elbrick.
ASSOCIATED PRESS

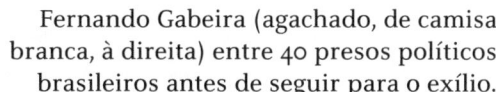

Fernando Gabeira (agachado, de camisa branca, à direita) entre 40 presos políticos brasileiros antes de seguir para o exílio.
AUTOR DESCONHECIDO / TODOS OS DIREITOS RESERVADOS / CPDOC JB

Beneficiado pela anistia, Gabeira retorna ao Brasil, em setembro de 1979, depois de ter passado por vários países, entre eles Chile, Suécia e Itália.
ALCYR CAVALCANTI / AGÊNCIA O GLOBO

fernando gabeira
DEMOCRACIA TROPICAL
CADERNO DE UM APRENDIZ

❖ Estação ❖
BRASIL

Copyright © 2017 por Lavorare Prod. Art. Ltda.

Todos os direitos reservados. Nenhuma parte deste livro pode ser utilizada ou reproduzida sob quaisquer meios existentes sem autorização por escrito dos editores.

edição: Pascoal Soto
preparo de originais: Virginie Leite
revisão: Ana Grillo, Hermínia Totti e Luis Américo Costa
pesquisa iconográfica: Isabela Mota
capa e projeto gráfico: Victor Burton
diagramação: Anderson Junqueira
imagem de capa: Luis Tripoli
imagem da página 1: Arquivo Nacional
impressão e acabamento: Lis Gráfica e Editora Ltda.

CIP-BRASIL. CATALOGAÇÃO NA PUBLICAÇÃO
SINDICATO NACIONAL DOS EDITORES DE LIVROS, RJ

G113d   Gabeira, Fernando
         Democracia tropical: caderno de um aprendiz / Fernando Gabeira; Rio de Janeiro: Estação Brasil, 2017.
         160p.; il.; 16 x 23cm.

         ISBN: 978-85-5608-019-6

           1. Ditadura – Brasil – História. 2. Brasil – Política e governo – 1964-1985. I. Título.

17-40476   CDD: 981.063
                                               CDU: 94(81)'1964/1985'

Todos os direitos reservados, no Brasil, por
GMT Editores Ltda.
Rua Voluntários da Pátria, 45 – Gr. 1.404 – Botafogo
22270-000 – Rio de Janeiro – RJ
Tel.: (21) 2538-4100 – Fax: (21) 2286-9244
E-mail: atendimento@sextante.com.br
www.sextante.com.br

*Para minhas filhas, Tami e Maya,
e meus netos, Leo, Nicole e Marcelo*

SUMÁRIO

Apresentação	14
Caderno de anotações 1.	17
O tempo passou na janela	18
Caderno de anotações 2. **Democracia**	20
Estamos falando da mesma coisa?	26
Caderno de anotações 3. **Marx, o roteirista**	28
Feio, mas necessário	34
Caderno de anotações 4. **A queda do muro**	36
A reconstrução como foco	39
Caderno de anotações 5. **Anos de esperança**	41
Passeio em campo minado	46
Caderno de anotações 6. **Retrato nostálgico**	49
Hasta la vista, Cunha	51
Caderno de anotações 7. **Aquela noite em Caruaru**	53
Entre a tesoura e a pistola	56
Caderno de anotações 8. **Primeiro impeachment**	58
Metralhadora ponto 100	61
Caderno de anotações 9. **Sabor do futuro**	63
Por que tão tarde?	67
Caderno de anotações 10. **O voo tucano**	69
Para onde foi a esperança	72
Caderno de anotações 11. **Bolivarianismo**	75
Fim de jogo	77
Caderno de anotações 12. **Esperança difusa**	78
O despertar dos mágicos	80

Caderno de anotações 13. **Vermelho 13**	82
O terceiro ato	85
Caderno de anotações 14. **A força da TV**	87
Psicodramas	91
Caderno de anotações 15. **Novo paradigma**	93
As ilusões perdidas	95
Caderno de anotações 16. **O ovo da serpente**	97
Uma espécie em extinção	98
Caderno de anotações 17. **A acrobacia mental**	99
Votando e aprendendo a votar	101
Caderno de anotações 18. **Em busca da esperança perdida**	103
Vozes e silêncio no domingo	107
Caderno de anotações 19. **Leite e mel**	109
A lei para quase todos	110
Caderno de anotações 20. **Combate ao populismo**	112
Para lá do fim do mundo	115
Caderno de anotações 21. **Novo instrumento**	117
Caderno de anotações 22. **Democracia tropical**	123
Cabral chegou por acaso?	124
Caderno de anotações 23. **Caiu na rede**	125
Enlouquecer calmamente	131
Caderno de anotações 24. **O fator smartphone**	133
Que país é esse?	136
Caderno de anotações 25. **Choque de democracia**	138
A realidade e os românticos de Cuba "libre"	142
Caderno de anotações 26. **Futuro**	143
Enquanto o Brasil chorava	144
Caderno de anotações 27. **Nova ordem mundial**	146
O ano da encruzilhada	150
Caderno de anotações 28. **Ficar para mudar**	152

Apresentação

Este livro, de certa forma, dá continuidade às minhas obras anteriores, que se debruçaram sobre a ditadura militar, a luta armada, o exílio e a volta ao Brasil.

Agora, trato da experiência democrática que se iniciou após a anistia de 1979, a partir do que considero seu momento inaugural: o movimento pelas eleições diretas para presidente da República.

O objetivo é mostrar como os atores do movimento, sobretudo os políticos, foram se distanciando entre si e como o processo democrático se degradou. Isso não ocorreu porque os políticos têm uma tendência intrínseca à corrupção, mas sim porque, ao fugir da responsabilidade pessoal, o sistema os empurrou para o abismo.

O esgotamento da fase democrática iniciada com o movimento Diretas Já resulta, certamente, num processo de renovação, cujo vigor dependerá do impulso das ruas.

Este livro nasceu de anotações que fiz num caderno sobre o caminho percorrido pela democracia brasileira de lá para cá. Os textos foram escritos muitas vezes nas estradas, onde passo grande parte do tempo por dever – e por que não dizer prazer? – profissional.

Enquanto concluía esses apontamentos, seguia meu rumo como articulista, refletindo sobre o impeachment da presidente Dilma Rousseff, observando o movimento das ruas, anotando o papel dos smartphones no aumento da informação política no Brasil, prenunciando os tempos sombrios que nos aguardavam.

O livro que você tem em mãos é a combinação do meu caderno de anotações com uma seleção de artigos que buscam retratar os principais acontecimentos do país em 2016.

Não me lembro, ao longo de todo o processo descrito, de nenhum ano tão intenso como o de 2016. A decomposição do sistema político, posta a nu pelas investigações da Lava Jato, gerou um vendaval de surpresas. A Operação Lava Jato está presente nos meus escritos de uma forma parecida com que a tratei no prefácio do livro do jornalista Vladimir Netto, procurando cobrir seus grandes marcos.

Numa época de informação instantânea, com notícias de impacto se sucedendo, um livro desse gênero é sempre uma temeridade. Ele precisa terminar e as coisas continuam acontecendo.

Quero dizer: o processo de transição está apenas no começo e promete solavancos e sobressaltos. Graças ao impeachment, os aliados da esquerda, cuja experiência fracassou, têm de tocar o barco na tempestade.

O núcleo dessa tormenta é o desastre econômico que demanda um programa de austeridade num país com 12 milhões de desempregados.

Tocar o barco significa também enfrentar os fortes ventos de Curitiba, da Operação Lava Jato. O comandante terá de jogar corpos ao mar e não se sabe ainda hoje se, em algum momento, terá ele mesmo de se jogar na água.

Mesmo sem ter ainda o quadro nítido de um futuro em que a política renovada salte o abismo que a separa da sociedade e que o crescimento econômico reintegre os milhões de desempregados, é nele que deposito minhas esperanças de aprendiz.

O movimento estudantil vai às ruas contra a ditadura em 1968.
ARQUIVO O JORNAL / JCOM / D.A PRESS

Caderno de anotações 1.

Cinema em Guadalupe. Acendem as luzes. Debate sobre luta armada, exílio, ditadura militar, marcas do passado recente.

Prometi nunca mais discutir isso. De certa forma, cumpri a promessa. Não falo. Apenas escuto lamentos do passado. Como sofremos, etc. Choros de uma derrota pretérita.

Saio rápido do cinema. Entro num táxi, fujo para a frente. Debate na sede de um partido. Devo falar sobre o estado atual do Brasil.

Mas os partidos estão mortos e não se fala ainda em velório. Cumpro minha tarefa.

Que segunda-feira, meu Deus.

No entanto, preciso voltar ao passado. Queria despojá-lo das ações do tipo: o torturador acionou a máquina de choque; fugimos da polícia pela porta lateral, armados de um revólver 38.

Como será concentrar-me apenas na essência do que suponho ter aprendido?

O TEMPO PASSOU NA JANELA

O GLOBO *17/5/2016*

Estou em Brasília. É o segundo impeachment que presencio. Conheço a coreografia, embora, com o passar dos anos, ela tenha se tornado mais visual, mais voltada para as TVs, como os desfiles de escolas de samba. Vou documentar fantasias e adereços, mas no universo das coisas existe um personagem ao qual vou me dedicar: os smartphones. Há um exército de 170 milhões de smartphones no país, e quem viaja pelo interior vê sua capilaridade. Foi uma espécie de introdução das massas a um novo tempo movido pela busca da transparência.

O projeto do PT e da esquerda bolivariana era reproduzir uma visão do século passado, adaptá-la com a etiqueta de socialismo do século XXI, usando o caminho eleitoral e a conquista progressiva das instituições. Sem se dar conta, estava sendo engolfado por outro tipo de revolução em que os novos instrumentos tornam possível uma grande demanda internacional: transparência.

Em certos momentos, o PT rendeu-se a essa corrente: ampliou a autonomia da Polícia Federal, fez uma lei de acesso às informações. Mas ainda assim subestimou a luta pela transparência como se fosse apenas mais uma ideia entre outras. Ignorou suas bases materiais, sua irresistível dinâmica.

Essa miopia levou o PT à sua mais crucial contradição: armar o maior esquema de corrupção da história, no momento em que a sociedade e as instituições estão mais bem posicionadas para impor um alto grau de transparência.

Isso é um movimento que transcende o Brasil. As coisas toleradas no passado deixaram de o ser no presente. Dilma não entendeu isso. Nem o PT. Eles sempre dizem: no passado foi assim, se forem nos punir, têm de punir os outros.

Existe um momento em que as coisas que sempre foram assim simplesmente deixam de ser. Lembrar isso não é impulso de velho reacionário. Assim como não era lutar pela quebra do monopólio estatal das telecomunicações. O PT e a esquerda em sua órbita foram contra, mas não imaginavam que surgiria dali a base material que iria contribuir para sua desgraça.

O PT perdeu o bonde da transparência, um tipo de luta que conta não só com princípios, mas também com sólida estrutura tecnológica, ao contrário da revolução bolivariana com benesses impagáveis. Diante desse novo universo onde tudo se compartilha, tudo se fotografa, tudo se investiga, a escolha política era dar as mãos à transparência e transformá-la numa poderosa aliada do governo, pois ela traz consigo uma outra bênção: a credibilidade.

O PT entendeu esse novo universo como um espaço onde poderia desenvolver sua guerrilha, esconder seus crimes, combater os adversários, ironizar os velhos reacionários adeptos da frase de outro velho, Lord Keynes: quando os fatos mudam, mudo de opinião – o senhor, o que faz? Muito em breve saberemos mais completamente o que se passou no Brasil. Talvez algumas pessoas não esperem apenas os fatos, mas uma avalanche de fatos para mudar de opinião.

Ao contrário do impeachment de Collor, o de hoje representa um trabalho que veio da sociedade e foi apenas secundado pelo sistema político. Quem assumir o poder já entra devendo. É um partido que foi sócio de um projeto criminoso. Se refletir sobre a desgraça do PT, não tentará novos assaltos, porque serão descobertos, não tentará interferir em instituições autônomas, pois, ao lado da sociedade, elas não permitirão. Com os atuais meios de controle, é impossível a sobrevivência de um governo corrupto. Os novos governantes precisam refletir sobre isso.

O vídeo de Temer não toca nesse detalhe que mobiliza milhões de pessoas. Não podia esquecer. Nem vazar vídeos por engano. A espionagem internacional tem um enorme aparato para grampear presidentes. Dispensa colaboração espontânea.

Se hoje à noite estiverem comemorando a chegada ao governo, não se esqueçam: a presença de Eduardo Cunha é intolerável. Não se erguem muros para discutir sua queda. É uma ponte simbólica entre a maioria e a minoria no Brasil. É o nosso carnaval da quarta-feira.

Caderno de anotações 2. **Democracia**

Minhas filhas sempre viveram numa democracia, mas nem sempre foi assim. No século passado, eu considerava a democracia um regime frágil, incapaz de responder aos anseios daquela época.

O governo que foi derrubado pelos militares em 1964 era um governo populista de esquerda. No entanto, quando desmoronou sem grandes resistências, ficou bastante claro que a democracia era frágil. O contexto maior que nos dominava era o da Guerra Fria, do confronto ideológico entre socialismo e capitalismo.

No discurso, o golpe de 1964 foi desfechado para defender a democracia e evitar uma ditadura comunista. Mas, na realidade, mostrava como a democracia era vulnerável: tombava diante dos inimigos e também daqueles que se diziam seus defensores.

Um pouco mais tarde, a partir dos autores clássicos da esquerda, iria vê-la apenas como uma espécie de ditadura da burguesia, que seria ultrapassada pela ditadura do proletariado.

Minha visão descrevia um caminho estreito onde era possível escolher apenas entre duas ditaduras. Uma delas, gloriosa: a ditadura do proletariado, singular visão do paraíso.

O paraíso é uma das mais poderosas imagens no inconsciente. Na sua versão religiosa, é um lugar no Céu. Quando Céu e Terra se fundiram, o paraíso se deslocou para a utopia, um lugar que não existe, a ser construído aqui na Terra.

A ideia de uma revolução socialista preenchia um pouco esse desejo de um lugar na Terra onde todos os erros seriam corrigidos, haveria alimentos para todos e acabaria a exploração do homem pelo homem. No continente americano, a revolução cubana, com seus heróis barbudos, Fidel Castro e Che Guevara, enriquecia essa forte atração com uma dose de romantismo.

Um grupo de guerrilheiros desce da Sierra Maestra e conquista um país dominado pela ditadura de Fulgêncio Batista. Todos os que esperavam algo novo e revolucionário voltaram seus olhos para Cuba, uma vez que o socialismo soviético parecia mais organizado, frio e burocrático.

A figura de Che Guevara ganhou um destaque maior ainda porque ele fez a revolução num outro país que não o seu. Che nasceu na Argentina. Após a vitória da revolução cubana, não se acomodou. Ele morreu na Bolívia tentando levar a experiência para outros povos.

Alguns autores veem essa utopia não apenas como um desejo do paraíso. O escritor e filósofo George Steiner fala de um sentimento muito comum entre jovens que se tornam sonhadores do absoluto, aspirando à justiça e à perfeição nas relações humanas.

Esse sonho do absoluto está presente em outras manifestações da juventude. Eu o usei para analisar os black blocs no meu artigo de estreia como colunista do jornal O Globo.

Ainda adolescente, liderei uma greve de estudantes secundários em Juiz de Fora, Minas Gerais. Era uma greve contra o aumento de preço das mensalidades, contra os tubarões do ensino, como chamávamos, nos panfletos, os donos de escola.

Fidel Castro e Ernesto Che Guevara, líderes máximos da revolução cubana, ao lado de outros chefes rebeldes, em 1959.
ARQUIVO CB / D.A PRESS

Estudante é preso por policiais em São Paulo durante protesto em 1968.
ARQUIVO O CRUZEIRO / EM / D.A PRESS

Inseguros sobre o êxito da greve, passamos a madrugada fechando os portões colegiais com cadeados. Éramos muito jovens, não sei o que pesava mais em nossos impulsos: o desejo de fazer o bem ou a adrenalina dos confrontos com a polícia nos protestos contra o aumento das passagens de bonde.

Ao lado das greves por mensalidades mais baratas, a luta contra o aumento do preço das passagens era um dos dínamos do movimento estudantil da época.

Mas, se alguém me questionasse sobre os cadeados, se não estávamos quebrando as regras, certamente responderia com a arrogância de alguns de nós naquela idade: "Foda-se, estou fazendo o bem."

Infelizmente, mais tarde, no começo do século XXI, no período em que a esquerda governou o Brasil, essa mentalidade acabaria redundando nas teses revolucionárias do tipo os fins justificam os meios.

Liberdade de escolha

Não vi a Segunda Guerra começar a acabar. Ignorava a marcha dos tanques no deserto. Estava mais preocupado em cuidar do meu velocípede na esquina. No entanto, uma visão filosófica que floresceu no pós-guerra, o existencialismo, iria marcar a minha juventude.

Era fascinado pela liberdade de escolha dos caminhos, pela ideia de que, na falta de sentido para a vida, era preciso fazer as próprias opções, cravar as unhas no abismo.

Soava bem a frase de Sartre: "O inferno são os outros." A liberdade se estendia também às decisões íntimas, aos relacionamentos amorosos. Era uma vertigem tudo aquilo.

No fundo, eu adotava o existencialismo, uma filosofia baseada na experiência interior, na salvação pessoal. Mas era preciso também fazer escolhas e buscar o sentido na própria história humana. Havia uma palavra-chave para descrever esse passo, quase tão evocada na boemia intelectual como a expressão "Garçom, por favor": engajamento.

Revolta: manifestantes viram um carro oficial após apedrejá-lo. Rio de Janeiro, 1968.
ARQUIVO / AGÊNCIA O GLOBO

ESTAMOS FALANDO DA MESMA COISA?

O ESTADO DE S. PAULO *22/4/2016*

Brasília – Acordei na segunda-feira com um travo na garganta. A Câmara dos Deputados votou o impeachment. Era o desejo da maioria. Mas a maneira como o fez, com aquela sequência de votos dedicados à família, a filhos, netos e papagaio, com Bolsonaro saudando um torturador... Fui dormir como se estivéssemos entrando na idade das trevas.

Entretanto, quando me lembro das grandes demonstrações, sobretudo nas áreas metropolitanas do Brasil, constato que os deputados inventaram um enredo próprio para o impeachment. Não há sintonia com a realidade das ruas. Isso é demonstrado pela própria reação nas redes sociais.

O Brasil parece ter descoberto um Congresso que só conhecia fragmentariamente. Isso dói, mas em médio e longo prazos será bom.

Na segunda passada, na minha intervenção radiofônica, previ essa cantilena. Foi assim no impeachment de Collor. De lá para cá, o Congresso, relativamente, decaiu em oratória e cresceu em efeitos especiais. Houve até uma bomba de papel picado no plenário.

Durante anos as coisas se degradaram por escândalos no aumentativo: Mensalão, Petrolão. No impeachment, os 511 deputados passaram por um raio X do cérebro, diante de cerca de 100 milhões de espectadores.

Visto de fora, abstraindo a causa das ruas, foi um espetáculo grotesco.

Isso implica consequências. Agora todos têm ideia ampla da Câmara real. Durante os debates, viram vários dedos apontados para Eduardo Cunha. Numa escala de golpista, corrupto e gângster. E Cunha ouviu tudo, gélido, apenas esfregando as mãos.

Tem de ser o próximo a cair. Sua queda une os dois lados do impeachment, sem muros. Nem que se tenha de pedir socorro ao Supremo, tentar comunicar aos ministros a sensação de urgência da queda de Cunha.

O descompasso entre a sociedade, que pede uma elevação no nível político, e a Câmara pode levar a um novo comportamento eleitoral.

O impeachment é uma tentativa de iniciar o longo caminho para tirar o Brasil da crise. Algumas pessoas choraram pelo resultado, outras, como eu, choraram apenas pelo texto.

Compartilho parcialmente a sua dor. Mas os generais da esquerda as levaram para uma batalha com a derrota anunciada. Mascararam de perseguição política um processo policial fundamentado, com provas robustas e até gente do PT na cadeia. Ao classificarem como golpe o impeachment, tentaram articular o discurso salvador que pudesse dar-lhes algum abrigo dos ventos frios que sopram de Curitiba.

Sobraram motivos para ressaca no *day after*. O essencial, se tomarmos a crise como referência, é que o processo siga seu curso da forma que prevê o rito, que é razoavelmente rápida.

Muito brevemente o centro do processo será Michel Temer. As coisas que vazam de seu refúgio não são animadoras. Por exemplo, consultar um ex-ministro da Comunicação Social de Dilma que propunha uma articulação do governo com a guerrilha na internet. O próprio ex-ministro deveria ser mais leal a Dilma.

Aliás, o rosário de traições na Câmara foi deprimente. Um deputado do Ceará disse: "Desculpe, presidente, mas voto pelo impeachment." É um espetáculo da natureza humana que me fez lembrar as traições a Fernando Collor. Gente que jantou com ele na noite anterior ao impeachment.

Costumo deixar essas considerações gerais para domingo. O foco é o processo de impeachment como esperança de dar um passo para enfrentar a crise. Deixo apenas esta lembrança para exame posterior: com 90 deputados investigados, a Casa Legislativa que existe legalmente cassou Dilma. Mas, agora que todos os conhecem, não seria o momento de questionar o foro privilegiado?

Ao longo de 16 anos de Congresso, sempre defendi privilégio para o direito de voz e voto, como na Inglaterra. Fora daí, Justiça comum.

É um fragmento de uma reforma política que pode vir de baixo, como a Lei da Ficha Limpa. E a mensagem é clara nestes tempos de Lava Jato: a lei vale para todos.

Se os processos de impeachment, no Brasil, acontecem de 20 em 20 anos, creio que este foi o último a que assisti. Privilégios da idade.

É preciso pensar agora na transição. A de Itamar era mais leve. Ele não tinha partido forte, não era candidato. Temer tem uma energia pesada em torno dele. A começar por Cunha.

Em tese, precisa tocar o barco e contribuir para que alguns corpos caiam no mar. Se não contribuir, vão cair de qualquer maneira, só que de forma mais embaraçosa. O que está em jogo é o destino de muita gente, um projeto para sair da crise.

Já que decidiu ficar calado por um tempo, Temer deveria pensar. O cavalo que chega encilhado à sua frente é um cavalo bravio. Para montá-lo é preciso coragem.

A vitória do impeachment na Câmara dos Deputados foi resultado do movimento de milhões de pessoas indignadas com a corrupção, castigadas pela crise econômica.

Se considerar apenas o resultado da Câmara, não tocará nos dois temas ao mesmo tempo. Mas, se considerar o esforço social que levou a esse resultado, não pode ignorar o problema da corrupção, como se ela estivesse indo embora com os derrotados de agora.

Com mais faro para o desastre, o PMDB pode organizar melhor que o PT a sua retirada. Compreender, por exemplo, que não está chegando ao poder, mas se preparando para sair dele com estragos menores nos seus cascos bombardeados pelos canhões da Lava Jato.

É uma transição na tempestade até 2018. Nenhuma força política sabe se chegará lá ou como chegará. Diante da vigilância social, o jogo ficou mais complicado.

Mas esse é o nível do nosso universo político. Do salão verde para o azul, espera-se uma ligeira melhora no Senado. Ainda assim, é longo e espinhoso o caminho de uma renovação política no Brasil.

Caderno de anotações 3. **Marx, o roteirista**

Através da trajetória existencial era possível dar o passo seguinte: mergulhar no mar da história, espaço já ocupado pelo marxismo, com um script completo. O mundo marchava para o socialismo e a classe eleita faria a revolução. Era a revolução proletária. Ponto. Não importava se, àquela altura, já fosse uma experiência decadente e autoritária.

Ainda nos anos 1960, foi possível constatar essa face autoritária na invasão da Tchecoslováquia, em 1968. Era a

A imposição do socialismo: invasão da Tchecoslováquia pelas tropas soviéticas. Praga, 1968.
RIECHE / ULLSTEIN BILD / GETTY IMAGES

revelação de uma profunda fragilidade: o socialismo não se definia pelas forças internas do país, mas era imposto de fora para dentro, com tanques e baionetas.

Roteiro alternativo

Sempre desconfiei que minhas escolhas não eram tão cristalinas. O próprio Marx duvidava das visões individuais. Até que ponto não eram um simples produto da classe social? Até que ponto, por exemplo, o desejo de paz não era a aspiração de uma classe média próspera, indiferente aos sofrimentos dos operários e camponeses? Até que ponto nossas preferências estéticas não eram também uma ilusão de classe?

O exemplo mais marcante foi a divisão de opiniões num festival de música popular onde competiam duas canções: "Sabiá", de Tom Jobim e Chico Buarque, e "Pra não dizer que não falei das flores", também conhecida como "Caminhando", de Geraldo Vandré.

A vitória da música de Tom Jobim foi criticada porque não tinha a mensagem política que alguns espectadores

A canção "Sabiá", de Chico e Tom, interpretada por Cynara e Cybele, foi a vencedora do Festival Internacional da Canção, em 1968. Mas o público consagrou "Pra não dizer que não falei das flores", de Geraldo Vandré.
RUBENS / CPDOC JB

queriam. O argumento de que a canção de Tom era mais bonita era combatido com o argumento de que a consideração meramente estética era uma visão pequeno-burguesa. O que importava era a mensagem.

Outra voz do século XX, Sigmund Freud alertava para os impulsos inconscientes, a tendência a repetir um roteiro obscuro, escrito na nossa infância, um romance familiar. Como navegar nesse oceano de incertezas?

A opção existencial não negava as camadas profundas do inconsciente, às vezes incontroláveis. Apenas dizia que não interessava o que as mentes tramavam no escuro, mas sim o que fazemos dessa trama em nossa inserção histórica.

Mas Freud tratava da felicidade do indivíduo, na teia de suas relações pessoais. Entretanto, a história não é um rio Ganges onde nos banhamos para lavar as impurezas e curar todas as feridas. É áspera, anda aos solavancos, sem a poesia de um Dom Quixote de la Mancha.

É complicada a relação do inconsciente de cada um com seu papel histórico. Muitos grandes líderes podem estar apenas querendo alcançar uma posição idêntica ou mais alta que a do pai. Outros talvez estejam lutando pelos pobres para expiar um complexo de culpa. Podem até ter sucesso. Mas, por precaução, anoto apenas: projetar e combater fantasmas no processo histórico é uma das grandes armadilhas no caminho.

Uma teoria de tudo

O marxismo desenhava uma trajetória rígida pois se inspirava na luta de classes e se dedicava ao triunfo do proletariado, da classe operária. Mais rígidas ainda eram as regras de comportamento necessárias a uma revolução armada.

Apesar dessa rigidez, o marxismo era uma explicação completa do mundo: para onde caminhava, quem eram os adversários, quais as etapas a vencer até a vitória final – o fim da exploração do homem pelo homem.

Operava numa dimensão mais ampla ainda, como fórmula para interpretar o mundo, achar o significado de cada evento

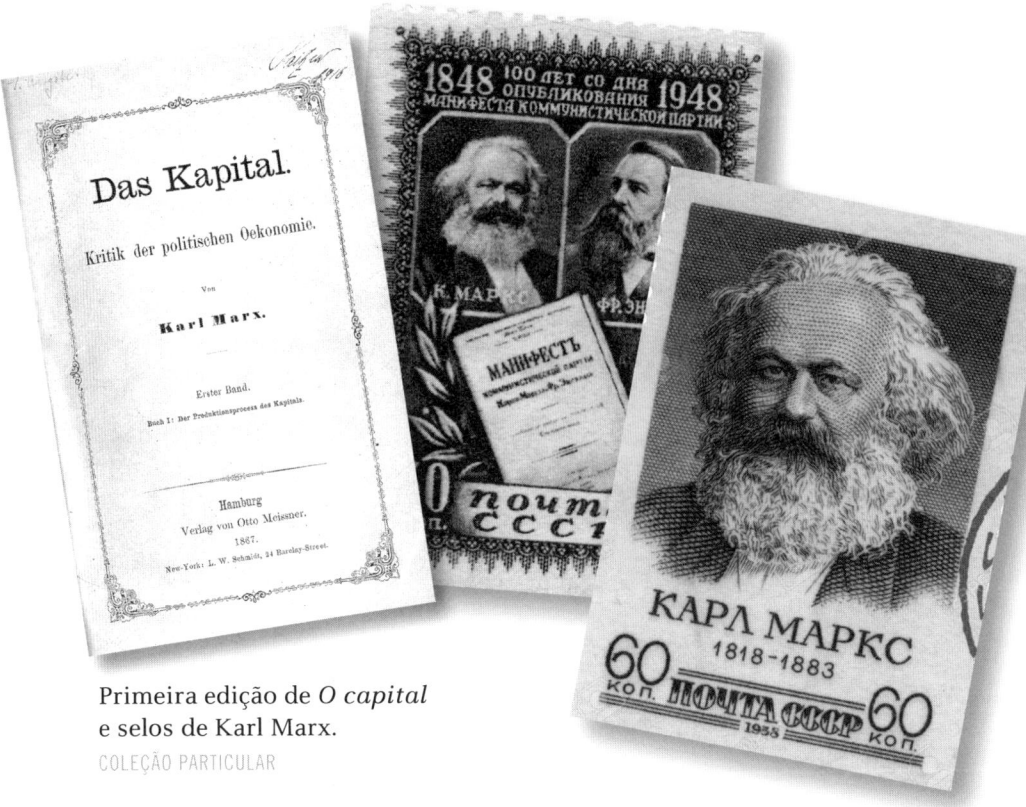

Primeira edição de O capital
e selos de Karl Marx.
COLEÇÃO PARTICULAR

isolado e integrá-lo num todo coerente. Uma espécie de rede, um puçá onde os fatos eram colhidos como borboletas.

Confesso que estudei melhor o marxismo depois que me estrepei supondo aplicar seus princípios. Já no exílio, banido do Brasil, tive um longo tempo para ler os principais livros, sobretudo O capital, a obra máxima de Karl Marx.

O edifício teórico me impactou não só pelo rigor dos argumentos, mas também pelos dados com os quais trabalhava. Chegou a ser adotado por alguns como uma visão científica. Com toda a autoridade que atribuímos à ciência.

À medida que o movimento contra a ditadura no Brasil era dizimado, ficava mais claro que o futuro de uma revolução socialista não existia, exceto talvez para os que ainda não podiam encarar essa verdade.

Ainda assim, eu considerava a visão marxista tão poderosa que precisava encontrar uma razão para o fracasso inerente à sua lógica e aos seus conceitos.

Bobagem. A ditadura militar não era eterna e a ditadura do proletariado era uma aberração.

Mais tarde, alguns meses de estudo de antropologia na Universidade de Estocolmo abririam uma janela por onde joguei fora muitas das minhas certezas sobre o marxismo.

Eram estudos sobre sociedades fora da história, onde o conceito de classes sociais não tinha nenhum valor e as trocas comerciais eram diferentes. Isso permitia usar outros instrumentos de análise, outras categorias, como a estrutura de parentesco.

Por meio do marxismo não se chegaria jamais a formular algo politicamente articulado sobre a discriminação dos negros e dos homossexuais nem sobre a luta pela identidade cultural que galvanizou um leque bem amplo de minorias.

Não foi por acidente que, num contexto mais amplo, a esquerda europeia transitou por novos temas e o culturalismo passou a ser uma frente de confrontos com mais visibilidade do que a luta de classes. De certa forma, a antropologia foi uma das referências do culturalismo, sobretudo numa Europa cada vez mais transformada pela presença maciça dos imigrantes.

Novas cartas na mesa

Os últimos anos de exílio foram de céleres mudanças. Se caiu um pilar do edifício, a revolução socialista, por que não cairia o outro: a luta de classes como motor da história?

Na visão revolucionária havia uma contradição básica entre a burguesia e o proletariado. Essa contradição só seria vencida com a supressão de um dos dois polos, logo a luta de classes essencial era a que opunha proletários e burgueses.

Afastar-se das duas ditaduras que o século nos apresentava, da direita e da esquerda, significou para mim, finalmente, a posição correta, abriu-me os olhos para inúmeros outros fenômenos que a estreiteza política camuflava. Um deles, a destruição progressiva do planeta, a necessidade de deter ou, pelo menos, retardar esse processo.

FEIO, MAS NECESSÁRIO

O GLOBO *24/4/2016*

Se fosse catapultado a essa longa sessão da Câmara sem saber o que estava sendo votado, eu diria com tristeza: eles estão vencendo, os velhos adversários. E se o cansaço da longa sessão me valesse um cochilo, acordar com o voto de Jair Bolsonaro me faria sentir num templo satânico. Sabia muito bem onde estava. Quatro mandatos e 16 anos naquele mundo subterrâneo me fizeram prever na semana anterior, no programa da CBN, a enxurrada de votos pela família, por filhos, netos, a avó que está doente.

Não era o primeiro impeachment que via. Foi assim na queda de Collor. Na verdade, o nível naquela época era um pouco mais alto. Enrolados em bandeiras, detonando bombas de papel picado, os deputados de hoje estão mais inseridos no espetáculo. Falam com imagens. É como se colocassem uma letra retrógrada na canção do impeachment, vitória da sociedade, de algumas instituições e da própria transparência.

A cabeça dos deputados passou por um raio X diante de 100 milhões de espectadores. Cerca de 90 deles são investigados no Supremo. Agora que todos sabem o que temos, certamente vão compreender a urgência de mudanças.

Com tanta coisa acontecendo naquelas longas horas, procurei não me esquecer das tarefas principais: a reconstrução econômica e ampla transparência sobre o gigantesco processo de corrupção que devastou nosso país.

Os generais da esquerda levaram suas tropas para um combate que sabiam perdido. Refugiaram-se na tese do golpe, para mascarar as graves acusações que pesam contra eles. O que para os líderes era apenas uma boia no oceano, para muitos foi uma ilusão de que havia um golpe em marcha e ele seria detido.

A insensatez se prolonga com a viagem de Dilma Rousseff ao exterior, onde foi se dizer, para a mídia, vítima de um golpe aplicado pelo Congresso e pelo Supremo. Minha senhora, no seu país não há Constituição? Quem dá a palavra final quando ela não está sendo cumprida?

Os jornalistas internacionais não são tão ingênuos. Sabem que, quando se apela para eles, é porque já se perdeu a batalha no próprio território. Só uma presidente enlouquecida poderia sonhar em transferir a guarda da Constituição brasileira do Supremo Tribunal Federal para a ONU. Ainda bem que não o fez.

Esse espetáculo decadente me entristece, apenas isso. Um jovem senador do PT disse que não dará sossego ao novo governo. O país terá de trabalhar muito para sair da crise e deve se concentrar nisso. Mesmo porque a própria Lava Jato vai se encarregar de não dar sossego aos petistas, inclusive ao jovem senador.

Dilma foi cassada por crime de responsabilidade fiscal: decretos secretos para financiar um rombo de milhões, criar uma ilusão de prosperidade e vencer as eleições. Repetiu o erro em 2015. Se não fosse cassada por isso, seria pelos fatos de Curitiba: campanha com dinheiro do Petrolão, tentativa de obstruir a justiça. O que vem de Curitiba não resulta apenas em impeachment, mas possivelmente em anos de cadeia. E cadeia, jovem senador, é um lugar que sintetizo numa frase que vi em várias celas onde estive preso e dezenas que visitei: "Aqui, o filho chora e a mãe não ouve."

Se olhamos para o futuro, pela ótica da transparência, a derrota de domingo será difícil de explicar para milhares de pessoas que acreditaram mesmo que havia um golpe em curso. Elas vão perceber que foram usadas como um álibi porque seus líderes tratavam mesmo de escapar da polícia, como aliás já ficou provado no áudio Lula-Dilma.

Essa tática do PT serve apenas para deixar mais arrasado o lado esquerdo do espectro político. As forças conservadoras, que já eram fortes, tornaram-se mais articuladas, milhares de jovens foram confrontados com a ideia de uma esquerda cínica, corrupta, autoritária.

De uma certa maneira, os discursos contra o PT foram um bálsamo para o partido. Olhem quem está nos derrubando. Mas todos sabemos que não foram derrubados pela Câmara, e sim pela sociedade. Nas ruas, era o discurso de Brasil moderno, contra a corrupção, pela transparência, por serviços públicos decentes, a rejeição do populismo bolivariano. Nas ruas, havia famílias sonhando com um projeto mais amplo; na Câmara, os deputados reduziram os destinos do país às próprias famílias. Isso marca uma distância, mas no essencial cumpriu-se o desejo da maioria.

Era o instrumento legal que a sociedade tinha para se defender, por mais repugnantes que sejam algumas ideias que circulam ali. Tenho repetido isso, como um privilégio da idade. Os impeachments ocorrem num período de cerca de 20 anos. Se a frequência for mantida, este foi o último a que assisti na Câmara. Reste o do Senado, onde se toma muito chá, e espero uma elevação do nível. Se vierem com essa história de Deus, família, filhos e netos, saco da arma que uso sempre que me entediam: um bom livro.

Caderno de anotações 4. **A queda do muro**

Quando voltei ao Brasil no fim da década de 1970, sintonizado com ideias dos partidos verdes europeus, ainda tinha na cabeça algumas coisas para resolver. Sabia que o caminho era o democrático. Para mim a experiência socialista estava encerrada como perspectiva histórica.

O Muro de Berlim ainda não tinha caído, o que só viria a acontecer em novembro de 1989. No fim dos anos 1990, como correspondente da Folha de S.Paulo, *deixei o Brasil por algum tempo para acompanhar as consequências da queda do muro e da desintegração da antiga Iugoslávia e do próprio império soviético.*

A ruína do socialismo era tão ampla que, para quem o adotara, só restavam dois caminhos: deixá-lo para trás, como uma lembrança do século XX, ou renová-lo. Essa encruzilhada levou grande parte da esquerda a apoiar o socialismo do século XXI na Venezuela e outras experiências bolivarianas.

Era preciso superar a ilusão de que fazer política significava rumar para um lugar perfeito e estático. Na verdade, o caminho democrático consiste em ajustar interesses que vão surgindo e aceitar que as pessoas têm, às vezes, objetivos incompatíveis. Suprimir esses conflitos significa obrigar todos a uma uniformidade artificial.

Queda do Muro de Berlim: manifestantes abrem caminho para a liberdade. Berlim, 1989.
RÉGIS BOSSU / CORBIS / GETTY IMAGES

É mais simples hoje reconhecer a diversidade como condição para que as pessoas exerçam sua liberdade. Apenas acentuei como isso se deu na minha trajetória para lembrar que sempre houve o choque entre duas concepções antagônicas, muito antes até de nossa experiência na luta contra a ditadura militar.

De um lado estão os que defendem a livre circulação de ideias, o pluralismo, um intercâmbio que pede um constante trabalho de ajuste e diálogo para que seja mantido, mesmo no seu equilíbrio imperfeito.

Do outro estão os que acham que o objetivo é a paz e a unidade futura, que eliminam disputas e adversários, buscando um fim racional, inscrito no que profetizam como o futuro inevitável.

Se colocarmos as duas visões num detector de romantismo, a segunda certamente vai movimentar os ponteiros. Uma coisa é a modéstia democrática de ajustar conflitos, de resolver questões na medida em que surjam. Isso não se compara à sensação de existir uma ordem ideal na vida humana e que podemos conquistá-la, ainda que por meios violentos, mesmo que tenhamos de deixar pelo caminho da terra prometida um grande número de mortos.

Reconhecer as limitações ou sonhar com o absoluto é uma luta que ainda se trava na cabeça de milhares de jovens. As limitações realmente existem e é impossível ignorá-las. Já o ideal perfeito, o paraíso na Terra, tem a vantagem de existir apenas na imaginação, livre dos desgastes cotidianos.

Embora analogias sejam perigosas, é um pouco como nos romances pessoais, em que se oscila, frequentemente, entre a pessoa real com quem se convive e outra maravilhosa que gostaríamos que existisse.

A RECONSTRUÇÃO COMO FOCO

O GLOBO *1/5/2016*

Neste momento em que palavras se liquidificam e argumentos tornam-se cusparadas, até por dever de ofício sempre me pergunto o que é importante e como não perder o foco. O processo de impeachment segue seu rumo no Congresso, é hora de apressar o processo de reconstrução econômica, buscar atrair investimentos mais rapidamente, atenuar a crise no mercado de trabalho.

Os diagnósticos já conhecidos parecem convergir para um objetivo de retomada do crescimento com proteção dos mais vulneráveis. Uma das críticas ao Bolsa Família era a ausência de foco nos mais vulneráveis, precisamente para alcançar o melhor efeito com o dinheiro. A dispersão do modelo petista traz mais votos, mas tem menos eficácia. Vamos esperar a dança dos nomes e a chegada do momento em que possamos reagir, saindo logo desse pesadelo nacional. Uma capa de revista com cartaz "Help" na estátua de Cristo expressa esse sentimento.

A energia de reconstrução talvez seja mais leve do que a dos embates políticos do momento. Um segundo e importante front é a transparência sobre o que se passou no governo. Só a Lava Jato colheu 65 delações premiadas. Num único fim de semana, três importantes depoimentos apareceram. Um deles, da publicitária Danielle Fonteles, revela como o esquema de propina sustentou a propaganda do PT e a folha dos blogueiros chapa-branca. Em outro, Mônica Moura, mulher de João Santana, revela que recebeu dinheiro por interferência do ex-ministro Guido Mantega. Finalmente, o dono da Engevix, José Gomes Sobrinho, revelou seu esquema de propinas pagas ao PT e ao PMDB, citando Renan e Temer. Todo esse conjunto de dados vai estar à disposição para que todos se interessem, leiam e saibam como operou o governo, como se venceram as eleições. Depois de tudo isso digerido, será mais fácil conversar. De vez em quando chegam críticas pesadas. No mesmo tom raivoso das ruas. Para alguns deles, sou velho e amargurado. Minhas ideias são medidas pelos anos, e não pela sua consistência.

Bobagem. Quando todas as cartas estiverem na mesa, será mais fácil mostrar como se enganam os que veem em 2016 uma repetição de

1964. Talvez pressintam isso, mas são prisioneiros da tese de que Dilma sofreu um golpe, e não um impeachment. O próprio Lula parece não compreender a diferença entre um golpe militar e um impeachment. Afirma que não entende pessoas perseguidas e exiladas pela ditadura apoiarem o impeachment. Como se estivéssemos apoiando censura, prisões, exílios e banimentos. A tese de que isso é uma repetição de 1964 iguala o pensamento da esquerda ao de Jair Bolsonaro, que, no seu discurso, disse "Vencemos em 64, vencemos de novo", como se os tanques do general Mourão marchassem contra o Planalto.

O Brasil mudou, vivemos um momento diferente. A própria Guerra Fria, a atmosfera envolvente da época, foi embora com a queda do Muro de Berlim. No entanto, existe um dado na experiência pós-64 que ainda me intriga. Depois da derrota do populismo de esquerda, os jovens fizeram uma pesada crítica aos líderes, uma grande renovação, a partir do movimento estudantil que buscou um outro caminho, equivocado, mas um outro caminho. Hoje, os populistas levam o país para o buraco e ainda convencem seus seguidores de que a derrota é fruto da maldade do adversário. Um dos artifícios é fragmentar a realidade, fixar-se numa era de bonança internacional, escamoteando uma longa gestão perdulária que acabou resultando nisto: retrocesso econômico, desemprego. Assisti no século passado ao fim do socialismo real. Agora assisto aos últimos suspiros do chamado socialismo do século XXI, com as mesmas filas para comprar produtos essenciais. Minha rápida incursão na Venezuela, já na fronteira, indicava o fracasso bolivariano. Ainda no lado brasileiro, em Pacaraima, via pessoas com imensos maços de notas em busca de reais ou dólares. Os caminhões de carne brasileiros voltavam cheios porque já não conseguiam pagá-los.

Aceitar a realidade não significa amargura. Talvez por isso tanta gente se refugie na ilusão e persiga tantos moinhos. Aceitar a realidade abre caminho para novas ideias, reinvenções. No século passado, foi possível abrir novos caminhos para uma esquerda limitada pela luta de classes. Ao cooptar as lutas emergentes e colocá-las sob sua asa financeira no Estado, a esquerda conseguiu levar algumas dessas lutas à caricatura. De todos os princípios que tentei preservar do desastre do século passado, ao lado da preocupação com o meio ambiente, os direitos humanos, a redução da desigualdade social, um deles é básico:

a democracia como objetivo. Por mais que fale em democracia, o governo do PT a utilizou para seus próprios fins, esgrimiu seu nome sempre que isso era bom para ele.

Quando passar toda essa emoção, pode estar aí um bom roteiro para descobrir o ovo da serpente. Não adianta brigar ou cuspir, mas tentar entender a ruína do próprio projeto político. O governo vai dizer que caiu por suas qualidades. O marketing exige assim. Uma sociedade malvada rejeitou seus salvadores. É uma canção de ninar. Sofremos na Terra, mas será nosso o reino dos céus. Perdemos mais uma batalha, mas será nossa a vitória final. Se conseguir interessá-los por esse paradoxo, talvez tenha valido a pena ouvir os seus insultos.

Caderno de anotações 5. **Anos de esperança**

Mesmo sabendo que a democracia não é um regime perfeito, no começo dos anos 1980 ela era imperfeita demais para a maioria dos brasileiros. Sobretudo quando comparada à de outros países com mais experiência de liberdade e melhores fundamentos econômicos.

Era sobretudo uma democracia incompleta porque não podíamos escolher o presidente do Brasil. Os militares queriam que a eleição fosse indireta.

Surgiu então o maior movimento do período: Diretas Já. O governo militar já estava chegando ao fim. Mas ainda não queria se arriscar a uma eleição com voto popular.

Esse medo talvez se explique nas propostas iniciais dos generais. Os militares achavam que os eleitores seriam facilmente manipulados por demagogos e que era preciso afastar subversivos e corruptos, iniciar uma nova cultura política no país.

Para eles, no final de um processo de "reeducação" seria possível retomar a via eleitoral, com chance de uma escolha sensata.

Pelas Diretas Já, nas ruas do centro de São Paulo, em 1984.
À frente, da esquerda para a direita: Freitas Nobre, Brizola,
Mário Covas, Ulysses Guimarães e sua esposa, Dona Mora,
Tancredo Neves, Franco Montoro, Fernando Henrique Cardoso.
ORLANDO BRITO / ABRIL

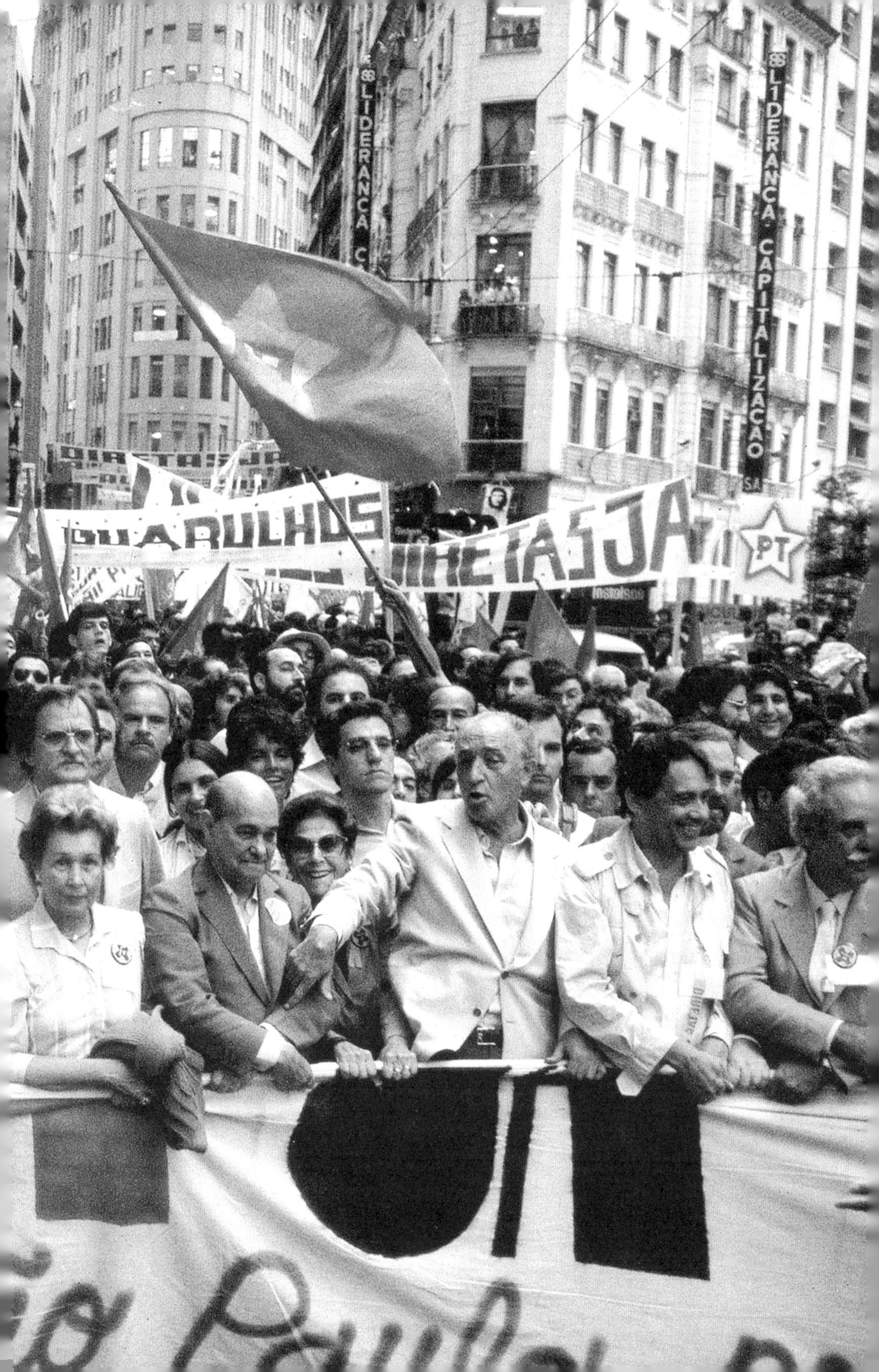
LIDERANÇA CAPITALIZAÇÃO
S.A
GUARULHOS
PT

Na Candelária, o mesmo desejo: Diretas Já. Rio de Janeiro, 1984.
RICARDO CHAVES / ABRIL

PÁGINA AO LADO:
Na Praça da Sé: Ulysses e Dona Mora, Montoro e Lula. São Paulo, 1984.
ORLANDO BRITO / ABRIL

Apesar de sua pretensão de despotismo esclarecido, de ter um projeto iluminado e aplicá-lo mesmo contra a vontade das pessoas, aquela ideia não tinha nenhuma possibilidade de êxito.

Depois de 20 anos de ditadura, as pessoas queriam liberdade de escolha, inclusive para errar. Embora na época tudo isso fosse vivido de forma muito espontânea, livre de teorias, milhões de pessoas nas ruas estavam se batendo por algo que já fora tema de grandes discussões na filosofia ocidental.

A eleição direta para presidente era apenas um complemento da democracia, tal como existe em outros países. Mas envolvia uma questão de fundo. Os militares só a aceitariam se os eleitores estivessem preparados.

Frases como "O povo não sabe votar" e "Seu despreparo é o grande problema nas escolhas presidenciais" continuam a ser ditas até hoje.

Mas atualmente não têm mais o mesmo peso. Os eleitores conquistariam o direito de acertar ou errar e seu aprendizado se faria nas próprias escolhas que tinham pela frente.

PASSEIO EM CAMPO MINADO

O ESTADO DE S. PAULO *6/5/2016*

Gastamos um bom tempo da nossa vida pensando numa saída para a crise. Creio que Michel Temer também. Sua trajetória, no entanto, terá mais repercussão na crise do que a de qualquer um de nós. Daí a importância de monitorá-lo.

Os jornais falam de um Ministério em formação. É difícil analisar algo que ainda não existe. Mas, a julgar pelas notícias, o projeto contém uma primeira contradição. Temer, diretamente e por intermédio de Moreira Franco, afirmou apoiar a Lava Jato.

O provável Ministério, todavia, tem vários nomes de investigados. Se forem confirmados, não há avanço em relação ao PT, que, por sua vez, é um retrocesso em relação ao governo Itamar. Neste os investigados não entravam. E, se estivessem no governo, deixavam o cargo para se defenderem.

Essa é uma trama ainda secundária, porque o foco estará na reconstrução econômica. Temer parece escolher uma equipe com a visão clara de que é preciso reconquistar a credibilidade como primeiro passo para que se volte a investir.

Quanto mais leio e ouço sobre o rombo financeiro, não apenas sinto a dimensão da tarefa de levar o Brasil até 2018, mas percebo como faltam dados sobre a verdadeira situação que o PT e seus aliados, PMDB incluído, nos legam. Mexidas no tamanho do Estado, discussão sobre nosso sistema de Previdência, tudo isso só se fará de forma menos emocional se houver uma verdadeira revelação de nossos problemas financeiros.

Não se faz apenas com um discurso, ou mesmo um documento. É algo que tem de ser bem difundido, com quadros comparativos, animações e um trabalho de divulgação que consigam atenuar o peso do tema. Será preciso dizer, por exemplo, se o governo vai pôr dinheiro e quanto na Petrobras, na Caixa Econômica, suas grandes empresas que vivem em dificuldade.

Leio também nos jornais que Temer vai trazer de volta uma velha guarda de políticos. Em princípio, nada contra. Mas é necessário lembrar que alguns problemas decisivos dependem de sensibilidade para a revolução digital.

Na quebra do monopólio das teles, além de pensar no avanço que isso traria para o Brasil, sabíamos também que havia regiões que não interessavam às empresas. Criou-se um fundo para universalizar a conexão telefônica e modernizar a infraestrutura de comunicações. Esse dinheiro jamais foi usado em sua plenitude, como manda a lei. Uma visão de retomada do crescimento tem de passar por um novo enfoque do mundo virtual e de seu potencial econômico. Se nos fixarmos só no crescimento do universo material, corremos o risco de um novo engarrafamento adiante, se já não estamos de alguma forma engarrafados perante outros povos, como os coreanos, que trafegam com muito mais rapidez do que nós.

Temer disse que não é candidato. Isso é positivo não apenas porque ficou mais leve para atrair partidos com projetos para 2018. Mas, principalmente, porque ele pode tomar medidas que horrorizam um candidato. Claro que as medidas serão debatidas, que em caso de divulgação ampla haverá uma consciência maior do buraco econômico. Ainda assim, os economistas preveem que em 2018 chegaremos ao poder aquisitivo de 2011. Certamente haverá uma aspiração de maior rapidez no processo de retomada. E Temer não pode andar tão rápido quanto a velocidade das expectativas.

Além disso, terá de navegar num mundo político desgastado, que dependeu da sociedade para chegar ao impeachment e dependerá dela para realizar a transição. Os temas da reconstrução mexem com diferentes interesses, dificilmente vão mobilizar da mesma forma que o impeachment.

Há, no entanto, um desejo de mudança.

Os rombos no Brasil sempre foram cobertos com aumentos de impostos, os contribuintes pagam o delírio dos governantes. Se Temer usar o caminho tradicional, vai romper com o desejo de mudança e adiar para as calendas um ajuste pelo qual o governo passe a gastar de acordo com seus recursos.

Todos gastaram muito. Há uma grande pendência sobre a dívida dos estados com a União. Juros simples ou compostos? Na verdade, a discussão mesmo é sobre quem vai pagar a conta, que pode resultar num prejuízo federal de R$ 340 bilhões.

Finanças dos estados parecem um tema muito chato. No entanto, quando você vive no Rio de Janeiro, vê hospitais decadentes, funcionários sem receber, escolas ocupadas, percebe claramente que, quando o governo entra em colapso, isso fatalmente influencia a sua vida cotidiana.

Um tema dessa envergadura acabou no Supremo Tribunal Federal, quando, na verdade, teria de ser decidido no universo político, governadores e presidente. É uma demonstração de incapacidade que obriga o próprio Supremo a se desdobrar, estudar todo o mecanismo financeiro, ouvir as partes, estimular acordos que eles próprios já deveriam ter celebrado.

Com esses corredores e os obstáculos na pista será difícil chegar a 2018 se não houver um esforço de reconstrução que transcenda o mundo político. Esse esforço se torna mais viável com os dados na mesa: o estrago da corrupção e os equívocos da gestão econômica.

Algumas coisas já podem mudar nas próximas semanas. Por que tantos cargos comissionados? Por que reduzir investimentos, e não o custeio da máquina do governo? Incentivos para que e para quem? Aumentos salariais do funcionalismo agora?

Quando Dilma entrou, na esteira de suas mentiras lembrei que não teria lua de mel. Vinha de uma vitória eleitoral. Temer, por tudo de errado que Dilma fez, talvez ganhe um curto período. O problema é que a crise mexeu com a nossa noção de tempo, mais encurtado, desdobrando-se com imprevisíveis solavancos.

Mesmo ainda sem a caneta na mão, é preciso uma ideia na cabeça. A partir da semana que vem termina um capítulo da nossa história recente. O país precisa se reconstruir como se tivesse seus alicerces abalados por um bombardeio.

PÁGINA AO LADO:
Tancredo Neves e outras lideranças políticas no comício pelas Diretas Já.
Rio de Janeiro, 1984.
ORLANDO BRITO / ABRIL

Caderno de anotações 6. **Retrato nostálgico**

O movimento pelas Diretas Já foi singular porque envolveu todos os partidos e líderes nacionais. Conviviam no mesmo palanque e faziam comícios por todo o país. Havia multidões levando grande entusiasmo para as ruas. Elas queriam ser protagonistas daquele momento decisivo que nos traria a democracia real.

Chega a ser nostálgico lembrar daquele momento, como se fosse um retrato de família pouco antes de se fragmentar, cada um tomando seu rumo, tornando-se estranho para o outro.

Havia, no entanto, um vínculo mais importante que seria rompido pelo curso da história. Líderes políticos, artistas, entidades de classe e a sociedade, juntos, tentavam construir um sistema de representação. Era uma tarefa nacional conduzida ombro a ombro. A sociedade ainda não tinha razões para se desencantar. Pelo contrário, os políticos eram vistos com simpatia, alguns já idosos como Ulysses Guimarães, Tancredo Neves, Leonel Brizola.

Um marco

Lembro-me de um comício em Caruaru. Saímos todos de um hotel em Recife. Encontrei Mário Covas no elevador, com um cigarro apagado entre os dedos. Estava em campanha contra o tabagismo, mas ainda não dispensava o contato físico com o cigarro.

Hoje, Mário Covas é o nome de uma estrada que costumo percorrer a trabalho, a litorânea BR-101. Nela, muitas vezes sonolento, fico a imaginar uma hipotética reunião de todos os que estavam naquele palanque, como uma família reunida que se debruça diante da trajetória de um adolescente problemático: onde foi que erramos? Por que as aspirações do movimento se perderam? O que é preciso mudar para reencontrar um caminho?

O sono e as curvas são inimigos da memória linear. Aos solavancos, escrevo o caderno de um aprendiz na democracia tropical.

Mário Covas, ex-governador de São Paulo (1930-2001).
MILTON MICHIDA / ESTADÃO CONTEÚDO

HASTA LA VISTA, CUNHA

O GLOBO *8/5/2016*

Não escondo que sempre quis a queda de Eduardo Cunha. O ideal seria uma queda conduzida pela própria Câmara. Mas a Câmara, que já era problemática, foi devastada pelos 13 anos do governo petista, alguns em sintonia com o próprio Eduardo Cunha. Mensalão, mensalinho, os métodos de ambos sempre foram o de comprar deputados.

Confesso que, nos primeiros anos, subestimei Cunha. Ele me parecia apenas um sobrevivente do governo Collor em busca de um modesto lugar na política, de onde faria seus pequenos negócios. O máximo que previa para ele era chefiar uma pequena quadrilha de deputados fluminenses que tinha o hábito de convocar empresas e negociar propinas para desconvocá-las. Não o conheci como presidente da Câmara. Apenas vi sua ascensão à liderança do PMDB. Era um tipo ideal para um governo corrupto. Conhecia o regimento interno como ninguém, financiava campanhas e, certamente, garantia um dinheiro extra para deputados necessitados.

O papel de Cunha era muito mais amplo que o de Severino Cavalcanti, que se limitava a representar o baixo clero. Cunha viabilizava agendas, conhecia atalhos, todos os grandes negócios passariam por ele. Não foi à toa que se tornou o maior criador de jabutis no Parlamento. Jabutis são emendas anexadas às medidas provisórias para atender a interesses privados. As emendas são como jabutis, que não sobem em árvore: estão lá porque alguém, ou algum interesse, os colocou.

Pessoalmente, tive a oportunidade de ver Solange de Almeida colocar um jabuti isentando a indústria nuclear de impostos. Ao questioná-la, percebi que estava apenas cumprindo tarefa para Cunha. No universo político do Rio de Janeiro, Cunha nunca representou muito, embora, com a riqueza crescente, sua votação tenha crescido também. Aliado de Cabral, Pezão, Paes, Picciani, fixou-se na Câmara com a plataforma de sua fortuna pessoal. Nossos santos nunca combinaram. Em primeiro lugar, porque seus negócios cheiravam mal, embora nem sempre deixassem rastros visíveis. Ligeiramente estrábico, Cunha evita o confronto de olhares e o faz para se manter mais confortável dentro da caverna em que formula suas maquinações.

Embora tenha votos evangélicos, a partir da conquista de um espaço numa emissora religiosa, Cunha não fazia proselitismo e só avançou alguns temas da pauta conservadora quando se tornou presidente. Mas há algo nele que o distingue dos deputados evangélicos. A maioria deles é sincera na legítima defesa de suas ideias. A fé evangélica de Cunha parece o resultado de um longo planejamento, como se fosse o marqueteiro de si próprio e escolhesse sua imagem como resultado de um plano eleitoral. A divulgação de suas contas na Suíça e dos gastos familiares no exterior revela apenas um milionário corrupto fingindo de piedoso fiel. O que deveria lhe valer uma condenação extra pela farsa.

Quando Cunha enfrentou e ganhou do governo, a oposição hesitou em tomar partido. Foi visto como um grande aliado do impeachment. Alguns de seus amigos chegaram a pedir anistia pelos serviços prestados contra o PT. De novo, teríamos de rasgar a lei e mergulhar na própria lógica petista para aceitar uma tese dessas. Não há previsão na lei brasileira para quem diz que rouba para dar aos pobres. Não há anistia prevista para quem se corrompe até a medula mas ajuda na queda de um governo corrupto. Se não fosse deputado, Eduardo Cunha já estaria preso em Curitiba há muito tempo. Ele manipula, intimida, faz tudo para que não seja julgado pelo Conselho de Ética. Ao derrubá-lo, o Supremo admite que Eduardo Cunha sabota o processo de seu próprio julgamento na Câmara. E admite, indiretamente, que ele sequestrou a instituição, incapaz de se livrar dele.

No rastro da diabólica passagem de Cunha, muitas perguntas terão de ser respondidas no futuro: como foi possível uma Câmara que, majoritariamente, escolhe para presidi-la o mais experiente dos bandidos? Como foi possível manter uma incondicional base de apoio, mesmo depois de revelada sua fortuna na Suíça? Por que existe na cultura brasileira uma sedução pela esperteza como uma qualidade em si?

Quando tudo for esclarecido e o restante dos crimes de Cunha vier à tona, o 5 de maio será uma data para se lembrar. Mas se não compreendermos como tudo foi possível, a ponto de governo central e Parlamento estarem sob o poder de uma mesma quadrilha separada apenas nos últimos meses, talvez não possamos avançar. Quadrilhas se fragmentam, buscam novos territórios. Vemos isso a todo instante no Rio. O fato de trocarem tiros não inocenta nenhuma das partes. Se um chefe do crime parte e tudo fica igual no território abandonado, é muito grande a tentação de ocupar o morro e substituí-lo.

É preciso realmente fazer valer a lei no Congresso. As pessoas comuns amargam cadeia em Curitiba. Os políticos com foro privilegiado nadam de braçada. Seus colegas são fracos para derrubá-los. Os ministros do STF, lentos e burocráticos, hesitam em intervir.

O chefão se vai mas o morro continua vulnerável.

Caderno de anotações 7. **Aquela noite em Caruaru**

Agreste pernambucano, temperatura agradável. No palanque toda a ampla frente que lutava pelas diretas. Participavam do comício alguns políticos tradicionais e dois nomes emergentes que iriam polarizar a primeira eleição presidencial: Fernando Collor de Mello e Luiz Inácio Lula da Silva.

Era um espaço democrático. Não estava nele apenas quem iria disputar o poder. Alguns, de certa forma, já estavam no poder.

No mesmo palanque, Lula e Collor. Caruaru, 1987.
NATANAEL GUEDES / CPDOC JB

Collor era governador de Alagoas. Já se movia com um grupo de assessores, inclusive militares. Não sei por quê, mas aquilo chamava a atenção.

Os aspones

Mais tarde, continuei observando os assessores onde quer que gravitassem em torno do poder. Logo que surgiram os celulares, se tornaram mais visíveis. Carregavam dois no cinto, como se fossem guardiões prontos para disparar ordens e tecer um escudo eletrônico de defesa do chefe.

Alguns dão a impressão que trabalham, outros nem se preocupam com isso. Nossa cultura política lhes dá o nome de aspones, assessores de porra nenhuma.

Uma viração pro Nestor

"Ô Antonico!
Vou lhe pedir um favor
Que só depende da sua boa vontade.
É necessário uma viração pro Nestor,
Que está vivendo em grande dificuldade."

A música de Ismael Silva, ao pedir uma viração pro Nestor, detecta um traço cultural do brasileiro. O Nestor é aquele que na escola de samba toca cuíca, surdo e tamborim.

Se trocarmos escola de samba por campanha, sempre se encontra muita gente que toca tudo: reuniões, panfletagens, corpo a corpo. E, como o Nestor está em grande dificuldade, precisa de uma viração. Faça por ele como se fosse por mim, diz a letra.

A proliferação de apoiadores políticos como o Nestor gerou um dos grandes atrasos do nosso processo: a ocupação da máquina do Estado após vencer as eleições.

Erramos na dose. Em outras democracias, é necessário ter gente concursada no serviço público. Todas permitem uma pequena cota de cargos de confiança. A do Brasil é cavalar.

A ideia de empregar no Estado pessoas que são do mesmo partido enfraquece a própria ideia de partido. Gente que não se realizou em nada busca a política como uma tábua de salvação financeira.

O resultado é a incompetência da máquina. E, como os empregos precisam ser mantidos por meio das eleições, surgem as propinas, os acordos com doadores. Um dos caminhos da corrupção.

As voltas
Naquele comício de Caruaru a corrupção já era um tema de peso. Tanto Collor como Lula a tinham como uma questão central.

Collor vinha de uma campanha contra os marajás de Alagoas, funcionários que ganhavam salários astronômicos. Lula era o expoente da esquerda que propagava a ética na política.

Hoje, entretanto, ambos, Collor e Lula, estão às voltas com a polícia, acusados de corrupção.

Em memória
Caruaru é apenas um instante no tempo. Duas trajetórias e um mesmo fracasso. Buscar uma causa única e superior isenta os atores de suas responsabilidades. Poderia ter sido diferente.

Limitaram-se a abraçar o monstro que queriam combater, alimentando suas chamas com a própria combustão.

Fernando Collor e Luiz Inácio Lula da Silva participam do último debate antes da eleição. São Paulo, 15/12/1989.
FERNANDO PEREIRA / AGÊNCIA O GLOBO

ENTRE A TESOURA E A PISTOLA

O GLOBO *22/5/2016*

A melhor briga é aquela que se pode evitar, diz um mestre do kung fu. No campo das ideias, no entanto, a luta é revigorante, desde que aceitemos a máxima de Tancredo: as ideias brigam, as pessoas não. As raposas do PMDB acabaram com o Ministério da Cultura. Acabaram com o de Ciência e Tecnologia. Mas não explicaram qual a sua política em ambos os setores.

Todos sabemos que a prioridade é econômica e que para realizá-la na plenitude é preciso ter base sólida no Congresso. É preciso também muito estômago, mas, o que fazer, são deputados e senadores escolhidos em votação popular. Realizar essas prioridades, no entanto, é como reger uma orquestra. O maestro pode ser talentoso ou não, sua regência está diante de nós. Não me considero intransigente. Se Temer mostrar qual é sua política cultural e científica e me convencer de que outros instrumentos, além de ministérios, possam realizá-la melhor, vou examinar seus argumentos. Não foi isso que aconteceu. Quem anexa cultura à educação e entrega tudo nas mãos do Mendoncinha, atropela, na verdade, um debate histórico sobre esses temas no Brasil. Aliás, trato-o assim porque convivi com seu pai na Câmara, o Mendonça. Na visão simplificada, o Ministério da Cultura financiava artistas pró-governo através da lei de isenção fiscal. Mas o BNDES também financiava empresas com juros subsidiados. Vamos fechá-lo? A criação do Ministério da Cultura por Sarney é o resultado de muitos esforços. Um deles, creio, foi o de recolher e preservar nosso patrimônio artístico e histórico. Outro passo com o designer Aloísio Magalhães foi a busca de um instrumento que mediasse Estado, cultura e mercado. Ao se transformar de secretaria em ministério, o MinC perdeu, de cara, o aparato de comunicação: rádio e TV.

Adiante, Gil tentou recuperar a TV, mas o governo a queria para a propaganda política. Discordei do primeiro ministro da Cultura, Celso Furtado, por ter apoiado a censura de *Je vous salue, Marie*, um filme de Godard que foi proibido por Sarney. Jamais passou pela minha cabeça condenar o instrumento que Celso dirigia. Talvez nem concordasse com sua política. Tinha um viés negativo em relação à indústria cultural, como se produzisse apenas distorções. Collor fez uma opção mais próxima do mercado. Mas o fez sem trabalhar mediações e levou o setor cultural a se desorganizar ainda mais. No governo FHC, voltou-se ao tema do mercado, com o slogan "Cultura é um bom negócio".

A experiência petista foi formular a política ouvindo os produtores culturais ao longo do país, mais de 2 mil entidades. O objetivo era também estabelecer uma ampla frente de apoio político. O que quer o governo Temer? Imagino que o sonho dos burocratas que o cercam é apenas cortar gastos. Mas mexer em cultura e ciência, fechando dois ministérios, significa abrir longa discussão. Diante das circunstâncias, sou a favor, como quase todo mundo, do corte de despesas estatais.

Quando ele se faz suprimindo e reagrupando ministérios, sua lógica não pode ser medida só em grana. Qual a política de Temer para cultura e ciência? O departamento de distribuição de culpas da esquerda já aponta para os defensores do impeachment: olha o que fizeram. Lembro-me sempre de um ministro húngaro, após a queda do Muro de Berlim: havia uns fanáticos que achavam que o Estado resolve tudo, entraram outros que veem no mercado a solução para todos os problemas. Isto significa que a luta pelo equilíbrio deve continuar, sobretudo após a queda de um dos polos da contradição. A ideia de que cultura e ciência não têm importância num país falido é um equívoco. Ao lado da tecnologia, essas duas dimensões conferem mais valor ao nosso trabalho. O caso da Estrada Real, por onde o ouro era transportado de Minas até Paraty, é apenas um de centenas de exemplos. Era apenas um espaço vazio de memória. Quando as pessoas perceberam que estavam percorrendo um caminho histórico, sentiram algo que é fundamental na nova ideia do turismo: aprenderam alguma coisa, percorrem um novo espaço. A cultura conferiu um valor novo à região.

O período que nos antecedeu foi muito polarizado. Se reduzirmos a cultura a uma contradição esquerda-direita, correremos o risco de jogar fora o bebê com a água do banho. Ela tem um papel na reconstrução econômica. É uma poderosa indústria, conta com milhares de produtores independentes. A maioria deles não depende do governo. Não estamos condenados a exportar commodities. Bem articuladas, cultura e relações exteriores podem ampliar nosso alcance. Atribui-se a um oficial franquista, na Guerra Civil Espanhola, esta frase: "Quando ouço a pala-

57

vra cultura, saco minha pistola." Vivemos tempos diferentes. Quando se ouve a palavra cultura, saca-se a tesoura. E é compreensível, até no orçamento das famílias. Não é preciso ter uma câmera na mão, uma ideia na cabeça. Os dirigentes precisam de uma tesoura na mão e uma ideia na cabeça. Sem uma ideia, a tesoura parece uma pistola.

P.S.: No fim da tarde de sábado soube que o governo estava se movimentando para resolver o problema. Fala-se na volta do ministério. Ouvi a hipótese de uma secretaria especial. Há boa vontade, mas ainda falta uma visão das linhas gerais de sua política.

Caderno de anotações **8. Primeiro impeachment**

Collor queria abrir a economia brasileira. Dizia que os carros nacionais eram umas carroças.

Sem base de apoio no Parlamento, mostrou-se extremamente audacioso ao lançar seu plano econômico.

Para muitos aquilo foi o que os nordestinos chamam de um perrengue. Cada indivíduo ficou com um mínimo de seu dinheiro no banco. Era uma dureza completa. Quase não havia para quem apelar.

Muitas pessoas guardavam suas economias no banco. Tinham de fazer cirurgias, reformar a casa, enfim, seus projetos de longo prazo pareciam ir por água abaixo.

Na televisão, a ministra da Fazenda, Zélia Cardoso de Mello, parecia certa do seu caminho, certa demais para quem a via na televisão e comparava toda aquela certeza com o caos que o Plano Collor trouxe para nossas vidas.

Aquele bloqueio do dinheiro das pessoas foi, na verdade, um trauma que nunca mais será esquecido. Depois da queda de Collor, em momentos de crise, surgiam de novo boatos de confisco. Nunca mais aconteceu, mas deixou uma lembrança de como, intervindo no caos econômico, o governo poderia tumultuar a vida das pessoas comuns.

A queda de Collor foi precipitada pela corrupção. O símbolo do esquema era o tesoureiro de campanha PC Farias, que rodava num avião próprio e esbanjava dinheiro.

De modo geral, as coisas sempre começam com o tesoureiro de campanha.

O impeachment de Collor foi o primeiro sobressalto na jovem democracia. Praticamente uniram-se contra ele todas as forças que lutaram pelas eleições diretas.

Diretas sim, mas não com esse cara na presidência.

O casal Collor de Mello deixa o
Palácio do Planalto. Brasília, 1992.
ARNILDO SCHULZ / CB / D.A PRESS

O peso da grana

Collor tinha projetos de manter o poder por meio de eleições. Mas tudo indica que um dos dínamos da corrupção em seu governo era a busca de um status de milionário, e não apenas o financiamento eleitoral.

Ele sempre gostou de carros e um Fiat Elba foi o pivô das denúncias que resultaram no seu impeachment. Ainda hoje Collor estoca carros como se fossem brinquedos: Lamborghinis, Porsches, Ferraris.

Embora em raríssimos casos estejam dissociados, dois componentes – fundo de campanha e pé de meia pessoal – geralmente coexistem na corrupção brasileira. O problema é que as campanhas, cada vez mais apoiadas em sofisticados programas de TV, tornaram-se caras. O volume de dinheiro envolvido tornou-se gigantesco.

Na verdade, com propinas crescentes, não cabe mais falar em pé de meia. Um elemento dinâmico modificou essa imagem. Não dá mais para guardar o dinheiro na meia nem deixá-lo debaixo do colchão ou escondê-lo num baú. As grandes somas se encantam, vão às nuvens, transformam-se em números, navegam num oceano de cifras do sistema financeiro internacional.

A corrupção tornou-se um fato transnacional, os bancos suíços e alguns paraísos fiscais entraram em cena para mediar esse volumoso fluxo de verbas. Milhões de dólares circulam do Brasil para o exterior e se internalizam, de novo, para financiar as grandes campanhas eleitorais.

Se no plano externo os bancos em paraísos fiscais tornavam-se atores nesse processo, no plano interno foram os doleiros que ocuparam um papel-chave. Movimentavam fortunas usando emissários, malas e caixas.

METRALHADORA PONTO 100

O GLOBO 5/6/2016

Numa das conversas gravadas com Sérgio Machado, Sarney disse que a delação da Odebrecht seria uma verdadeira metralhadora ponto 100. Parece que o tema já foi negociado na semana passada. Daqui a pouco, ouviremos o tiroteio, junto com explosões menores, como as delações de Léo Pinheiro, da OAS, e do próprio filho de Sérgio Machado, que era operador financeiro em Londres.

Se as rajadas atingirem todos os grandes partidos, como se anuncia, ficaremos com a paisagem depois da batalha, mortos caídos na estrada e feridos se arrastando na poeira. Talvez seja por isso que alguns jornalistas estrangeiros nos perguntam: o sistema político brasileiro vai implodir? É uma pergunta difícil. O sistema político brasileiro precisa implodir. Mas ao mesmo tempo não pode implodir: estamos numa profunda crise econômica e ele é essencial para a travessia.

Depois de tantas jabuticabas, teremos de experimentar mais uma: recolocar o gigante de pé com o esforço dos mortos e feridos. Desde a saída de Dilma, o problema é nítido: precisamos saber de tudo o que aconteceu e, prioritariamente, reconstruir os caminhos da economia. Como dizia Samuel Beckett: não se passa um dia sem que algo seja acrescido ao nosso saber, desde que suportemos as dores.

O governo Temer sabia de muita coisa quando Dilma partiu. Poderia ter evitado as primeiras crises. No entanto, não conseguiu. Dois ministros caíram em 20 dias. Para descrever o futuro imediato, Sarney usou a imagem de uma metralhadora. Como arma, a delação premiada nem sempre é tiro e queda. Há uma espécie de *delay* entre um e outra.

O segredo do processo de reconstrução econômica é não só utilizar, no que for possível, os feridos de guerra, mas selecionar entre os mortos aqueles que, pela sua utilidade, merecem uma curta sobrevida. Reconheço que essas projeções são sinistras. A hipótese de recomeçar do zero é inviável em plena crise econômica. A volta do PT não resolve a equação. Se a metralhadora tiver alguma pontaria, as rajadas mais potentes vão varrer o partido que mais profundamente se ligou à Odebrecht.

Mesmo sem ilusões, uma renovação virá apenas em 2018. Até lá, há uma formidável tarefa a ser executada. Oficialmente, estamos com 11,2 milhões de desempregados. Essa urgência na economia acaba impondo um atraso na política. Não dá para parar e resolver a crise política de forma satisfatória. A emergência é o dado mais claro da conjuntura. Um grupo razoável de políticos brasileiros tem experiência e capacidade para dar os passos que se exigem de profissionais do ramo.

O governo tem demitido os ministros que o comprometem abertamente. Mas não soube nem pode se antecipar a alguns passos da Operação Lava Jato. Isso significa que o governo viverá aos sobressaltos, o que dificulta sua tarefa econômica. Além disso, há uma forte oposição que não só quer a volta do PT, mas afirma que mais consumo é a saída para o buraco em que Dilma nos meteu. Em outras palavras, o caminho da reconstrução econômica é difícil porque os atores caem como fruta madura do pé. E precisam impor medidas de austeridade diante de uma oposição que, com uma perspectiva eleitoral, propõe o contrário. Deixei de repetir que essa é a situação mais complicada que vi. Não adianta se deter nessa constatação. Não importa o tamanho da crise, a tarefa é sempre esta: o que fazer para sair dela? As gravações de Sérgio Machado revelam o fracasso do PMDB em deter a Lava Jato. As gravações envolvendo Lula mostram também como o PT tentou mas não conseguiu neutralizá-la.

O apocalipse das novas delações premiadas talvez seja o último capítulo da novela. Quem sabe sua proximidade não abre no front da reconstrução uma espécie de protocolo para as novas quedas? É preciso avançar por causa e apesar da Operação Lava Jato. A reconstrução econômica é um ato de solidariedade com milhões de pessoas que sofrem. O que sobrou dos políticos, com a ajuda da sociedade, compõe a força que pode conduzir a transição. A crise é muito profunda, os agentes são muito frágeis, mas – o que fazer? – é a realidade que temos. O barulho dos tiros, o fragor das quedas, tudo isso pode nos distrair. No entanto, o foco é a reconstrução. A Lava Jato deveria ter mais celeridade no caso dos parlamentares envolvidos. Todo esse barulho e o Eduardo Cunha solto, comandando um grupo de investigados na Câmara. É um drama muito grande para se perder em enredos secundários.

Imagino que, no exterior, observadores distantes achem cômico esse cai-cai pós-impeachment. Mas, agora que se conhece o rombo na economia e a degradação de nosso sistema político, por mais grotesco e absurdo que pareça o quadro, não há outro caminho exceto enfrentá-lo. Que os outros achem graça. Os que vivem aqui têm de procurar e achar a saída.

Caderno de anotações 9. **Sabor do futuro**

No lugar de Collor entrou Itamar Franco. Para mim, era como se fosse um vizinho. Andávamos na mesma rua Halfeld, em Juiz de Fora. Foi deputado pelo PTB. Um homem modesto, em comparação com Collor.

Eram dois estilos de vida. Collor queria carros modernos. O sonho de Itamar era ressuscitar o Fusca, o velho Volkswagen de nossa juventude.

Mas Itamar era bem mais político do que Collor. Seu governo conseguiu, de novo, reunir a ampla frente que lutou pelas diretas. Sem Collor e sem outro integrante de peso, o PT, que se recusou a fazer parte do governo de unidade nacional porque mirava as eleições, onde iria aparecer como "diferente de tudo o que está aí".

A relação com as denúncias de corrupção mudou da água para o vinho. Não houve escândalos. Itamar procurou, no período transitório, exorcizar o fantasma que habitava o Palácio do Planalto. Não só pela proximidade da queda de Collor, mas também porque acreditava num governo decente.

Itamar tinha como política afastar seus auxiliares quando surgia alguma dúvida ética sobre eles. Assim fez com seu chefe da Casa Civil, Henrique Hargreaves, que foi acusado de manobras ilegais. Apesar da amizade entre os dois, Hargreaves teve que pedir licença do cargo para se defender, voltando apenas depois de demonstrar sua inocência.

Quando Itamar indicou um ministro e soube que ele havia se hospedado em hotéis pagos por empresas, anulou a nomeação.

Nessa fase do processo de redemocratização, o cinismo era menor, tendo atingido uma dimensão mínima. O governo era questionado na sua competência, na sua leitura do Brasil moderno. Mas a corrupção, no seu nível mais escandaloso, parecia ter sido enterrada com o impeachment de Collor.

Cercado de poucas expectativas, o governo de Itamar Franco acabou inovando numa tentativa de controlar a corrupção e, sobretudo, na construção da ferramenta que garantiria um futuro mais calmo: o plano de estabilização econômica.

As conquistas de Itamar podem ter sido modestas, mas o Plano Real, que de certa forma sobrevive até hoje, não teria existido sem sua coragem.

Para onde, José?

Com o governo Itamar transitamos de um país que não podia escolher seu presidente para o fim do primeiro mandato de governantes eleitos nas urnas. A primeira eleição direta, depois de tantas mobilizações populares, foi um logro.
Era preciso tentar de novo.

As forças de esquerda, PT à frente, ficaram à margem do processo de reorganização econômica. Apesar da queda recente do Muro de Berlim, ainda acalentavam o socialismo como projeto estratégico. Não pelo caminho armado, mas pelo voto popular e pelo progressivo controle das instituições.

Era algo em gestação na América do Sul. Sua primeira semente germinou na Venezuela, em 1998. Vitória de Hugo Chávez e toda essa história de bolivarianismo. Socialismo do século XXI, diziam. Passagem para o século XIX, previam os críticos.

Mas ainda era cedo para a esquerda brasileira. A alternativa surgiu das próprias forças unitárias do governo. O PSDB, partido nascido do velho PMDB e que se intitulava social-democrata, venceu as segundas eleições diretas.

Fernando Henrique Cardoso foi ministro da Fazenda de Itamar e teve seu nome associado ao vitorioso plano de estabilização econômica.

Professor universitário, sociólogo, Fernando Henrique não era um técnico em economia. Mas soube reunir, não só no projeto de mudança como nos anos de seu governo, gente capaz, que havia anos pesquisava as raízes da instabilidade econômica.

PÁGINA AO LADO:
Itamar Franco assume a Presidência da República, no Congresso Nacional. Brasília, dezembro de 1992.
ORLANDO BRITO / ABRIL

ACIMA:
Fernando Henrique Cardoso comemora o primeiro ano do Plano Real. Brasília, 1/7/1995.
GETÚLIO GURGEL / ACERVO PRES. F. H. CARDOSO

O Plano Real nasceu de um grupo de economistas da PUC do Rio: André Lara Resende, Pedro Malan, Gustavo Franco, Edmar Bacha e Winston Fritsch. Malan tornou-se ministro da Fazenda. Ao grupo uniu-se Armínio Fraga, que, embora jovem, já tinha uma vasta experiência internacional.

Ao contrário dos clássicos partidos social-democratas, o PSDB não tinha vínculos com os sindicatos. Era um grupo de intelectuais. O símbolo do partido, o tucano.

Hesitantes em muitos temas, os tucanos ficaram conhecidos por sua posição mais frequente: em cima do muro. O privilégio da vista permitiu, pelo menos, que extraíssem as consequências da queda do verdadeiro e histórico muro, que marcaria, com um pouco de antecedência, em 1989, a chegada do novo século. E os impulsionou também a que dessem alguns passos na revisão do papel do Estado na economia.

Dois partidos, duas visões do papel do Estado, passariam a disputar o espaço do poder político. Outros temas os separavam. Mas esse era suficiente para que se chamassem, respectivamente, de neoliberais e estatizantes.

ACIMA:
A criação da URV (Unidade Real de Valor):
Ministro Rubens Ricupero, Fernando Henrique
Cardoso e equipe econômica. Brasília, 5/4/1994.
ROBERTO STUCKERT FILHO / AGÊNCIA O GLOBO

POR QUE TÃO TARDE?

O GLOBO *10/7/2016*

Cunha renunciou. Ainda estou devendo a mim mesmo uma explicação de como foram possíveis a trajetória e a resiliência de Cunha na democracia brasileira. É um pouco cedo para isso. Cunha oferece um anel para não perder os dedos. Todos sabem em Brasília que ele renunciou à presidência na esperança de manter o mandato e escapar de Curitiba.

O momento em que suas lágrimas me pareceram mais convincentes foi quando mencionou mulher e filha. Também foram envolvidas e, certamente, muito criticadas na imprensa e nas redes sociais. As lágrimas são enigmáticas. Seu último esforço é, precisamente, escapar do destino delas: ser julgado em Curitiba.

Como se as duas fossem jogadas ao mar e ele se amarrasse no mastro do foro privilegiado. Cunha ouviu cantos de sereia. E os cantos, que ecoaram até no Palácio do Planalto, entoam promessa de manter o mandato. Ulisses, o herói grego, era previdente. Cunha é apenas um cabeça-dura.

Vai perder o mandato e iniciar uma segunda negociação, dessa vez com a própria Lava Jato. De novo vai pedir muito e oferecer pouco.

Acontece que, na cadeia, petições e recursos tão abundantes na Câmara são mais um passatempo: um papel almaço e uma caneta Bic, você passa o dia escrevendo.

A tendência de Cunha é negociar sua delação também no universo político. É um mecanismo muito complexo. A delação da Odebrecht, por exemplo, ainda não saiu. E, segundo as notícias, demorou por causa de uma tendência seletiva: salvar alguns, queimar outros.

Uma parte dos políticos, e talvez da própria imprensa, admirava a inteligência de Cunha. Um exemplo dela era sua capacidade de postergar, através de mil expedientes, o processo contra ele. Mas isso é uma tática inteligente apenas num momento de miopia política. Cunha estava apenas tornando sua situação mais grave, inclusive atrasando o próprio ritmo.

Quanto mais insistia na tecla, mais estreitava o caminho. Ele é réu no Supremo Tribunal Federal. A Petrobras quer se associar à acusação contra ele. O órgão supremo da Justiça e a maior empresa do Brasil na mesma ação contra ele. E ele, com um pequeno grupo fisiológico na Câmara, desafiando tudo, inclusive evidências: contas na Suíça, viagens milionárias, as inúmeras delações que revelam uma tática agressiva e um apetite voraz no submundo da propina.

Diante de tudo isso, chora ao microfone e diz estar sendo vítima de uma perseguição. Ele quer que você acredite que está sendo derrubado porque a Câmara derrubou a Dilma. Cunha teve um papel institucional no impeachment, comandou o processo na Câmara. Ele acredita que isso possa atenuar sua biografia. Mas teremos em conta que Cunha foi um grande constrangimento para milhões de pessoas que apoiavam o impeachment. Elas só o aceitavam por falta de alternativa.

Cunha na verdade ofereceu um imenso flanco para que o processo fosse visto no exterior como algo realizado apenas por políticos corruptos. O PT associou o impeachment a Cunha exatamente por saber de sua rejeição. A própria sessão que derrubou Dilma acabou sendo desses programas de TV que terminam com uma chamada do anúncio do próximo programa: Eduardo Cunha.

Não deu outra. No fundo, todos sabíamos que ele cairia, mais cedo ou mais tarde. Minha questão é esta: por que tão tarde? Diante de todas as evidências contra ele, a suposta inteligente estratégia de Eduardo Cunha não teria sido apenas um surto, uma alucinação? Corrupção à parte, a trajetória de Eduardo Cunha mostra como a democracia pode ser vulnerável a alguém que usa suas regras como um escudo. Qual o momento certo de acabar com a farsa?

O Congresso ainda não o puniu, o Supremo apenas o afastou do cargo. Na semana que vem, possivelmente, estará de novo chorando, se a Câmara julgar seu caso.

Quando Cunha estiver fazendo suas petições com caneta Bic, já não haverá peripécias. E poderei amadurecer uma dúvida. Sua trajetória, agora fracassada, demove aventureiros mafiosos ou os atrai para o campo da política?

Isso tem a ver com as condições gerais da degradação da política no Brasil e a fragilidade das leis contra a corrupção. O governo retirou a urgência de três projetos contra a corrupção. Diante de tudo que está se passando, Temer não consegue ver a urgência?

Trabalhando no interior ouvi uma notícia sobre a operação da PF chamada Abismo. Perguntei: depois do abismo virá o quê? Veio a Operação Pripyat, uma cidade ucraniana vizinha de Chernobyl devastada pelo desastre nuclear.

Já estamos no pós-desastre nuclear. O processo de corrupção foi devastador e extenso. Para dizer a verdade, perdemos um grande tempo com Eduardo Cunha. O ideal seria perder com ele uma certa ingenuidade democrática, o alvo preferido dos mafiosos aventureiros de todos os matizes.

Caderno de anotações 10. **O voo tucano**

O êxito do plano econômico e da nova moeda, o real, embalou os oito anos de governo dos tucanos. Em alguns momentos, eu os apoiei, como na privatização das teles, que antecipou a revolução dos celulares e smartphones no Brasil. Em outros, errei com eles ao aceitar a reeleição para presidente.

A reeleição existe em outros países, mas não estava tão claro para mim qual seria o peso e o modo de usar a máquina. Nem a força do conjunto de empresas que gravitam em torno do Estado. No Brasil, tornou-se quase impossível vencer quem está por cima, manobrando as rédeas do poder.

A reeleição talvez fosse uma boa ideia. Mas naquele momento foi mais uma ideia fora do lugar.

A corrupção não dominou o período com a mesma força dos tempos atuais, mas houve escândalos no governo FHC. Um deles a compra do equipamento para o SIVAM, Sistema de Vigilância da Amazônia.

A coleta maciça de dados sobre a imensa região amazônica tem uma importância estratégica. Era razoável dotá-la de poderosos instrumentos eletrônicos, inclusive poderíamos compartilhar informações com nossos vizinhos.

Trabalhei nesse caso, como deputado de oposição. Não conseguimos demonstrar mais do que alguns favores pessoais. O escândalo esfriou.

Olhando para trás, sinto que deveríamos ter concentrado a energia para que o Sistema de Vigilância funcionasse na sua plenitude, algo que não aconteceu.

Outro caso de corrupção se deu precisamente na emenda que criou a reeleição de Fernando Henrique. Houve denúncias de que deputados foram comprados para votar com o governo. Não se avançou muito nas investigações. Minhas dúvidas, nesse caso, nunca se dissiparam.

O governo tucano superou os escândalos, quer dizer, realizou seus projetos apesar deles. Mas alguma coisa estava errada no processo político brasileiro.

Vencer eleições sucessivas dependia de muita grana. As empresas que gravitavam em torno do governo garantiam os recursos. Por isso era difícil distinguir as obras que o governo precisava realizar das que eram de interesse apenas de seus parceiros.

Nos ventos de mudança que sopraram nas eleições de 2002, tirando o PSDB do governo, havia também uma esperança de ética na política, tanto que o PT procurou encarná-la.

Era como se algumas promessas da virada democrática ainda não tivessem sido cumpridas.

O dirigente do PSDB, Sérgio Motta, dizia que o projeto de seu partido era ficar 20 anos no poder.

E o PT também se preparava para uma longa temporada.

Mas, naquele momento, já se conhecia a complexidade do processo eleitoral brasileiro, sua transformação num investimento milionário.

No final do período tucano, os fatos já mostravam como era difícil exercer o poder. Um projeto nacional dependia de alianças com as forças tradicionais, com interesses específicos e, muitas vezes, não republicanos.

Ministro das Comunicações: cerimônia de posse de Sérgio Motta. Brasília, 1995.
GETÚLIO GURGEL / ACERVO PRES. F. H. CARDOSO

Ao atravessar a primeira experiência de convívio com uma constelação política em descrédito, os tucanos foram chamados de vanguarda do atraso. Apesar disso, deram passos modernizantes, como a Lei de Responsabilidade Fiscal, que limita legalmente os gastos dos governantes.

Essa questão domina o debate político-econômico no Brasil de forma permanente. O país sempre esteve exposto ao populismo, com uma tendência dos governantes a estourar o orçamento para se manter no poder.

A ideia de que não é possível gastar mais do que se arrecada, por mais lógica que pareça, não é um consenso. Nunca foi. O PT, por exemplo, colocou-se contra a limitação legal dos gastos.

Mais tarde esse tema voltaria com toda a sua força no processo de impeachment de Dilma Rousseff.

A maior contribuição dos tucanos, porém, talvez tenha sido adequar o Brasil à revolução nas telecomunicações. Com o aumento do fluxo de dados e voz, os brasileiros passariam a ficar cada vez mais informados, tornando-se mais exigentes.

PARA ONDE FOI A ESPERANÇA

O ESTADO DE S. PAULO *15/7/2016*

Não sei se pela distância, vejo cada vez mais a esfera da política como um obstáculo à recuperação econômica sustentável. Temer ainda luta pela estabilidade. Prometeu não ser candidato em 2018. Ainda assim, a lógica política vai empurrando suas decisões para o sentido oposto ao de uma contenção de gastos necessária para superar a crise.

O socorro ao Rio e ajustes com os estados já estavam inscritos como grandes problemas pós-impeachment. E, ainda inseguro no cargo, Temer não tem condições de vetar o aumento para o funcionalismo.

O governo é frágil também porque a cúpula do PMDB está implicada na Lava Jato. Aliás, se estivesse só implicada, o problema seria menor. Mas ela mostrou ter como sonho de consumo esvaziar a Lava Jato, até pela via do jogo parlamentar.

A eleição na Câmara dos Deputados apresentou muitos nomes, nenhum com condições de conter o apetite dos grupos fisiológicos. A negociação com o Congresso tende a ser mais cara ainda em ano eleitoral.

Todos esses fatores reunidos me levam a esperar, na melhor das hipóteses, um ajuste fiscal meia bomba, que nos conduza a 2018 sem que os problemas essenciais tenham sido atacados. A tendência é pensar: em 2018, aí, sim, as coisas podem melhorar. Um presidente eleito tem legitimidade para conduzir um processo de mudanças mais ásperas e profundas.

A grande incógnita, de novo, é o Congresso. Surgirá um tipo de governo de coalizão que escape do fracasso dos outros que o antecederam? Ulysses Guimarães, quando se criticava o nível da Câmara, respondia: "Esperem a próxima, será pior ainda."

Mas Ulysses dizia isso com base na experiência de outra fase da democracia. Ou pelo menos não ousou concluir que, de pior a pior, o Congresso acabaria numa crise profunda e o próprio sistema político se desprenderia da realidade do país.

Para realizar as esperanças de sucesso de um presidente legítimo, as eleições teriam a enorme tarefa de renovar o Congresso.

A liderança de Eduardo Cunha lançou a Câmara no seu último estágio: a de um balcão de negócios. Ele produzia e distribuía recursos a seu grupo fisiológico nos períodos eleitorais. Era o maior criador de jabutis da história, com emendas inseridas nas medidas provisórias.

Hoje, o agora ex-presidente da Câmara e o presidente do Senado são os alvos principais da Lava Jato no Congresso. Cunha tem conta na Suíça, faz viagens milionárias, incríveis manobras para não ser julgado. E aparece sempre dizendo que é inocente.

De nada adiantavam as evidências, apenas a sua narrativa. Outro dia, lendo um ensaio de Bruno Latour sobre a democracia, ele tomava como ponto de partida aquela ida do Colin Powell à ONU às vésperas da invasão do Iraque. Todo um espetáculo narrativo para demonstrar as armas de destruição em massa com imagens, mapas. As armas não existiam.

O cinismo não é um traço só da política brasileira. Os franceses cunharam uma expressão para suas expressões vazias: *langue de bois*.

Mas o que aconteceu no Brasil nos últimos anos pode abalar a profecia de Ulysses. O choque entre as narrativas e as evidências se dá num momento em que o Brasil tem um fluxo mais abundante e rápido das informações. E são evidências inescapáveis, gravações, cheques, delações premiadas. Está tudo aí, disponível a um toque no smartphone.

Outro momento ainda não avaliado: o impacto da transmissão ao vivo do impeachment de Dilma Rousseff. Muitos observadores – estrangeiros inclusos – previram que aquele espetáculo, no mínimo, levaria a sociedade a refletir sobre seus representantes.

Jogar as esperanças para 2018 não significa uma fuga do áspero cotidiano da transição.

A Lava Jato tem um adversário mais sutil que o PT pela frente. E alguns movimentos da Justiça são ambíguos. A história da prisão de Carlinhos Cachoeira e Cavendish foi uma dança em torno das tornozeleiras eletrônicas. Foram presos, estavam à espera de uma tornozeleira eletrônica, artigo raro num Rio falido.

Finalmente libertados sem tornozeleiras, a desembargadora quer uma escolta da Polícia Federal para vigiá-los em suas prisões domiciliares. O resultado é que, se a proposta for aceita, teremos pelo menos quatro policiais presos, no lugar de dois bandidos no xadrez. Ou com tornozeleiras.

Mesmo nas esferas mais altas os sinais são ambíguos. O ministro Celso de Mello negou a prisão de condenados após julgamento em segunda instância. Negou em nome de um princípio, o de que ninguém deve ser considerado culpado antes de a sentença transitar em julgado.

O problema é ver como esse princípio abstrato se aplica no Brasil de hoje. O Supremo Tribunal Federal está congestionado. Muitas pessoas, com base nesse dado, empurram seus processos, na esperança da prescrição, da impunidade.

A Lava Jato avança num terreno instável, com as surpresas e os vaivéns na Justiça, com a retirada da urgência nos processos de corrupção. A retirada partiu do governo Temer. É a tática mais suave, melíflua, da cúpula do PMDB.

Exceto Cunha, ela jamais vai bater de frente. Jamais um dos seus ideólogos, se é que os tem, vai dizer que o juiz Sergio Moro foi treinado pelo FBI para entregar o pré-sal às "Seis Irmãs", empresas de petróleo norte-americanas. Mesmo com um pouco mais de sutileza, o PMDB não se aguenta: seus principais líderes não escaparão da Lava Jato, embora os ritmos e meandros do foro privilegiado possam dar-lhes uma sobrevida.

Se as eleições de 2018 não se fizerem já com uma reforma política, certamente seu resultado servirá para impulsioná-la. Acabou uma fase da democracia no país. Com seus líderes e partidos, na maioria esmagadora, rejeitados pela sociedade, as eleições de 2018 abrem o caminho da renovação ou da aventura.

Tudo vai depender de uma sociedade que cada vez sabe mais sobre o universo político. Sabe o bastante para desprezá-lo de vez. Ou tentar algo novo.

Caderno de anotações **11. Bolivarianismo**

A ascensão de Hugo Chávez na Venezuela foi o ponto de partida para a experiência bolivariana que repercutiu em outros países do continente. Chávez fundou um movimento de esquerda e começou sua carreira com uma tentativa fracassada de golpe de Estado contra o governo de Carlos Andrés Perez.

Isso foi em 1992. Seis anos mais tarde, graças à sua extraordinária capacidade de comunicação com as camadas mais pobres, elegeu-se presidente da Venezuela.

A experiência venezuelana passou a ser uma espécie de nova esperança para a esquerda. O socialismo do século XX tinha fracassado. Com seu discurso anti-imperialista, condenando políticas econômicas liberais, Chávez, segundo os teóricos que gravitaram em torno dele, iniciava a trajetória do socialismo do século XXI.

O que o diferenciava do outro socialismo? Essencialmente a maneira de chegar ao poder, que não seria mais alcançado por revoluções violentas, e sim pelo processo eleitoral.

Hugo Chávez, durante um desfile militar em comemoração ao sexto aniversário de seu retorno ao poder. Caracas, 12/4/2008.
PEDRO REY / AFP / GETTY IMAGES

Uma vez no governo, o partido vencedor dominaria progressivamente as instituições, a começar pelo Congresso e os tribunais de justiça.

A etapa mais difícil do projeto era o controle da imprensa, o que foi realizado por meio da repressão.

No início de sua carreira como presidente, Chávez tinha condições de usar os excedentes do petróleo para realizar sua política de distribuição de renda e de rearmamento do Exército, garantindo com isso estabilidade política e vitórias eleitorais.

Sem um projeto de modernização da economia, ele tentou conduzi-la gradativamente para o modelo socialista, asfixiando empresas e espalhando as sementes do caos que mais tarde se instalaria.

Seu sucessor, Nicolás Maduro, deu continuidade ao projeto de Chávez, mas sem o carisma do antecessor e em meio à tempestade que transformou a performance econômica da Venezuela na pior do continente e – algo pouco acentuado fora do país – elevou os níveis de violência urbana a patamares inéditos.

O chavismo se apoia em sindicatos, grupos organizados quase sempre vestidos de vermelho e prontos a atacar manifestantes que criticam não só o caos econômico, mas também o autoritarismo do governo.

Visitei a Venezuela duas vezes no período chavista, uma delas na fronteira. Hoje nem é preciso ir ao país para sentir o fracasso econômico da experiência bolivariana. As ruas de Boa Vista, capital de Roraima, estão cheias de venezuelanos, refugiados do desastre.

Dilma Rousseff cumprimenta Nicolás Maduro, presidente da Venezuela, em 2015, durante a 48ª Cúpula do Mercosul e Estados Associados.
WILSON DIAS / AGÊNCIA BRASIL

FIM DE JOGO
O GLOBO *1/9/2016*

O impeachment representa oficialmente o fim de uma experiência de 13 anos da esquerda no governo. Em 1964, após o golpe militar, ela denunciou a ditadura, mas mergulhou num processo de autocrítica, destacando o populismo como um dos seus grandes erros. Infelizmente, para uma parte importante dela, o caminho escolhido foi a luta armada com todas as suas consequências. Esse processo foi alvo de intensa autocrítica que nos levaria, se a análise fosse completa, a uma marcha pelas instituições.

O chamado socialismo do século XXI, que teve suas consequências mais graves na Venezuela, lançou na América do Sul um modelo que não era a marcha pelas instituições, e sim a captura das instituições. Primeiro o Executivo, depois o Legislativo, o Judiciário e, finalmente, a imprensa.

Nesse modelo, a democracia é só uma tática, não o objetivo estratégico. O populismo, no fundo, partilha dessa escolha. A diferença da experiência democrática de agora é a ausência de autocrítica. A narrativa do PT é que ele foi afastado do poder por suas qualidades e pelo bem que fez ao país.

Compartilhei das críticas no pós-64 e das críticas à luta armada que decorreu da análise equivocada do fracasso do populismo. Por que agora a autocrítica é tão difícil?

Quando deixei o PT e o governo, em 2003, disse que estava deixando pelo conjunto da obra. Vejo essa expressão retornar nos debates sobre o impeachment. Em 2003, não tinha ocorrido o Mensalão e o que se passou até o processo que arruinou a Petrobras.

Todos esses fatos não produziriam ainda um impeachment, pela lentidão das investigações e do julgamento. Os decretos suplementares e o uso ilegal do Banco do Brasil revelam a ilusão de que o dinheiro cai do céu e podemos gastá-lo à vontade. O populismo orçamentário. De novo, o populismo derruba a esquerda.

Quando vejo jovens gritando "golpe" e outros slogans da esquerda, sinto ternura pelo passado, mas também inquietação. É possível que acreditem que o mal triunfou. A eles está sendo negada uma saudável crítica. No seu lugar, a visão monolítica. Num tempo de reconstrução política e econômica, revolução digital e aquecimento planetário, que papel terá uma esquerda se insistir no papel de vítima?

Caderno de anotações 12. Esperança difusa

Com a bandeira da ética na política, o PT iria fazer sua tentativa de cumprir essa esperança difusa.
Mais um sairia do palanque de Caruaru para o centro do poder. Assim como os tucanos, sonhando em ficar muito tempo: 20 anos, toda uma existência no topo, quase um seguro de vida.
E, como o sonho é livre, quem sabe transformar-se numa estátua em praça pública, num nome de escola ou logradouro?

O muro na cabeça
A queda do Muro de Berlim foi um marco na história moderna. Os estilhaços mal chegaram por aqui. Tive a oportunidade de viver em Berlim depois da queda e lá tornou-se bastante clara a derrota da experiência socialista.
Era razoável um certo atraso em perceber essa realidade em terras tão distantes. No cotidiano alemão, dizia-se que era preciso algum tempo para que o muro na cabeça também caísse.
Às vezes, sinto-me tentado a afirmar que, se o Muro de Berlim tivesse caído nas cabeças tropicais, talvez não viéssemos tropeçando até aqui.
A derrota do socialismo não foi reconhecida. Era preciso reinventá-lo: o socialismo do século XXI, que se tornou, em apenas alguns anos, na Venezuela, a ruína do século XXI.

Uma coisa é disputar eleições acostumado com as alternâncias: hoje venço, amanhã perco. Outra é ter um projeto de longa transformação, no qual a permanência no poder é essencial.

Um objetivo de tal dimensão tende a minimizar as regras do jogo, ancorar-se na tese de que os fins justificam os meios. Ou, como na minha expressão juvenil, em Juiz de Fora: "Foda-se, estou fazendo o bem."

Alemanha Oriental em 1990, pouco tempo depois da queda do Muro de Berlim.
JOCHEN TACK / ALAMY / LATINSTOCK

O DESPERTAR DOS MÁGICOS

O ESTADO DE S. PAULO 9/9/2016

Lá se foi o impeachment de Dilma. Em poucos dias a Câmara se livra de Eduardo Cunha. Começou uma nova fase, mesmo para aqueles que não a desejavam.

Os defensores do governo caído também mudaram de palavra de ordem. Volta Dilma saiu de cartaz e no lugar entrou o slogan Diretas Já.

Em tese, deveria começar logo o tempo de mudanças que recuperem a economia, a grande prioridade do momento. Mas, por mais que deseje a melhora, novos horizontes, retomada das contratações, o governo Temer ainda não inspira a confiança necessária.

Ele nem se preocupou em enterrar a velha fase. Na China, Temer fez comentários sobre os protestos e Meirelles, que é ministro da Fazenda, também tentou analisá-los. São dois trapalhões com estilo diferente. Temer subestimou o movimento. Meirelles superestimou-o, afirmando que era um protesto substancial com 100 mil pessoas. Os comunicadores do governo não ganham o mesmo que João Santana cobrava do PT. Mas precisam ao menos ensinar uma fórmula de o governo tratar manifestações.

Não é complicado. Basta dizer que manifestações pacíficas são legítimas e as violentas, condenáveis. Não precisa analisar, comparar, tornar-se um comentarista de TV.

Já tendem a dizer bobagem no Brasil. Com o fuso horário trocado, entre uma e outra reunião na China, dormindo durante discursos, a tendência a cometer erros é exponencial. Eles estão se achando. Mas se esquecem de que são apenas a parte que ainda escapou da polícia e, pelas circunstâncias legais, tornou-se a detentora do governo.

Nesta semana foi aberta uma nova frente de investigações policiais: os fundos de pensão. Isso bate direto no PT, que dominava esses fundos.

Mas não deixará de lado o parceiro PMDB. O ex-ministro Edison Lobão já tem seu nome envolvido. O próprio Henrique Meirelles era um dos diretores do Grupo JBS. Ele diz agora que era apenas consultor do grupo. Mas quando entrou para o grupo os rumores sobre o JBS já eram muito intensos. Já se falou de tudo sobre ele. Era tão próximo do governo que se espalhou o boato de que o Lulinha era um dos seus sócios.

O que há de verdade, comprovável pelos fatos, é que o JBS tomava grandes empréstimos do BNDES e injetava muito dinheiro nas campanhas políticas. Dos R$ 2,5 bilhões que pegou do governo, repassou 18,5% da grana em doações. Mas o grupo tinha uma sede enorme de recursos públicos. Não lhe bastava o financiamento, a juros amigos, do BNDES. Era preciso entrar nos fundos de pensão.

O JBS floresceu no governo do PT e era um de seus principais financiadores. Meirelles era do governo anterior e acabou se integrando nessa máquina de captação de dinheiro público. Para mim, soa como um canastrão em suas entrevistas. O mercado o aprova, Temer o escolheu para a retomada, resta esperar que faça a coisa certa.

Quando a Polícia Federal anunciou o tamanho das dívidas dos fundos de pensão, algo como R$ 54 bilhões, a grande pergunta que ficou no ar: como foi possível um rombo dessa dimensão sem que o país se desse conta?

Os boatos sobre aparelhamento datam de 2003. Porém não compartilho a ideia de que a imprensa se tenha omitido e seja a culpada. Os dirigentes dos fundos trabalharam muito para proteger a caixa-preta.

As investigações que resultaram na Operação Greenfield nasceram de reportagens em alguns dos maiores jornais do país. O próprio Ministério Público reconhece que esse foi o ponto de partida.

Demorou, reconheço. Congresso, oposição e autoridades, que deveriam controlar o processo, falharam.

No momento em que se discute a reforma da Previdência, a esquerda, certamente, vai combater as mudanças, mesmo pressentindo que a estrutura atual é insustentável.

É legítimo e necessário que os interesses dos aposentados sejam defendidos num modelo renovado. Mas a base para essa defesa é enfraquecida não só diante da manipulação dos fundos e do golpe nos empréstimos consignados. Os aposentados, afinal, são "os nossos velhinhos que queremos proteger" ou apenas um pretexto para desviar milhões para os cofres do partido ou mesmo para a fortuna pessoal dos dirigentes?

Com o impeachment realizado, esperava uma ligeira queda na temperatura política. Compreendo que as pessoas queiram discutir ainda se houve golpe ou se foi legal. Mas é necessário também olhar para a frente. A mediocridade do governo é o que temos disponível para realizar a transição até 2018.

Durante algum tempo Temer acenou para algo melhor depois do impeachment. Prometeu que mudaria o Ministério, etc. e tal. Aparentemente, é só conversa. As tarefas de recuperação da economia e da política são bastante claras. Temer está feliz com a Presidência, que não alcançaria em outras circunstâncias.

Será preciso um grande impulso para que o país saia da crise. Se o governo, pelo menos, não atrapalhar, há uma esperança de que se chegue a 2018 com alguns problemas resolvidos. Isso numa visão francamente otimista.

A tendência a buscar soluções fáceis para problemas complexos continua sendo, na forma do populismo de direita ou de esquerda, uma grande força eleitoral.

Dentro de dois meses teremos eleições nos EUA. A trajetória de Donald Trump sugere muitas análises. Tanto lá como aqui, ampliou-se a estrada da aventura política. É um novo despertar dos mágicos, dos construtores de muros, à direita, aos multiplicadores dos pães, à esquerda.

Enganado por uma falsa renovação ética, saqueado pela corrupção que arruinou grandes empresas, a tendência do eleitorado brasileiro, imagino, será de sobriedade. O que virá em 2018 dependerá muito do que a sociedade construir agora, nesse período de transição. Tempo também para os que querem dedicar sua vida a melhorar a vida do povo reflitam se querem mudanças sustentáveis ou preferem só acalmar sua consciência.

Caderno de anotações 13. **Vermelho 13**

A democracia brasileira jogou o vermelho 13 por um longo período. Uma canoa furada para ela.

As promessas de Caruaru teriam uma nova chance. Quem sabe agora viria o tempo de transparência e mais verdade na política?

No princípio, também apostei nessa pedra. O PT estava aberto para novas lutas, muito mais que os outros partidos. Ecologia, direitos humanos, temas que me interessavam.

Rompi no primeiro semestre de governo. Daí em diante, comecei a perceber que a vitória trazia as sementes da degradação e errei ao subestimá-las. Sonhei o sonho errado, disse num discurso.

Confundi o PT com a social-democracia europeia e pensei numa aliança verde e vermelha, como tinha visto na Alemanha.

O fator grana

Era muito difícil para a oposição vencer o governo. Lula tentou três vezes. Parecia relutar em seguir perdendo. Era preciso dinheiro para ser competitivo.

Com o tempo compreendi que um processo clássico de financiamento já estava em curso nas prefeituras petistas do interior de São Paulo. O caso de Celso Daniel, assassinado em Santo André, lançou luz num esquema de corrupção envolvendo empresas de transporte coletivo.

Celso Daniel seria o coordenador da campanha de Lula. Dali era preciso sair dinheiro.

Para quem tinha poder em algumas cidades, empresas de transporte e de coleta de lixo eram as fontes disponíveis.

Celso Daniel, ex-prefeito de Santo André, São Paulo, em 1997. Ele seria assassinado em janeiro de 2002.
ITAMAR MIRANDA / AGÊNCIA ESTADO

Mas não bastavam. Era preciso mais dinheiro. Vencer as eleições no Brasil moderno dependia de um poderoso programa de televisão.

Na verdade, não importavam tanto os textos, mas o enfoque visual, não só da campanha, como também do país que ela prometia.

Rifa e festas eram um adversário patético do financiamento empresarial. Um marqueteiro como Duda Mendonça custava, no mínimo, 4 milhões de dólares. Nem se os militantes dessem um porre de caipirinha no país inteiro chegariam perto do preço de Duda.

O candidato Lula da Silva e
Duda Mendonça, seu marqueteiro,
durante a gravação de programa
eleitoral de TV, em 2002.
ANTONIO MILENA / ABRIL

O TERCEIRO ATO

O ESTADO DE S. PAULO 23/9/2016

A denúncia contra Lula em Curitiba desfechou um psicodrama nacional. Eu a vejo como parte de um drama inconcluso. De qualquer forma, os dois primeiros atos trazem boas indicações para prever o futuro.

Quando Lula foi levado numa condução coercitiva, abriu-se um grande debate não só sobre a escolha da Lava Jato, mas sobre a própria legalidade do procedimento. Entretanto, no âmbito da mesma Lava Jato, mais de uma centena de pessoas foram conduzidas no momento em que os investigadores escolheram. Não houve nenhum protesto de monta ao longo de todas essas operações.

A vantagem de um processo que envolve políticos de peso é que, de certa forma, põe à prova o próprio Estado de Direito. Tudo o que é feito é escrutinado e criticado sem piedade pelas forças atingidas.

Foi assim também com um instrumento mais importante: a delação premiada. Dilma chegou a comparar os delatores da Lava Jato com Joaquim Silvério dos Reis. Como se a Lava Jato fosse a opressão portuguesa e os assaltantes da Petrobras, os heróis da Inconfidência Mineira.

Sempre que nossa cabeça está a prêmio nos lembramos de Tiradentes. Lula também o fez, no pronunciamento após a denúncia dos procuradores. Não é preciso ser um luminar em História do Brasil para perceber que são situações essencialmente distintas, a Inconfidência Mineira e o Petrolão.

O segundo ato do drama foi a apresentação da denúncia. Choveram críticas aos procuradores. Dessa vez, não só dos petistas, mas também de adversários de Lula que consideraram a denúncia um excesso.

De fato nunca houve no Brasil uma denúncia com características tão políticas. Mas tratava-se de uma organização que dirigiu o país por 13 anos. A denúncia situava-se no contexto do Petrolão, um escândalo que revelou as entranhas do sistema de financiamento político no Brasil.

Reclamou-se do tom e da politização e daí se chegou à conclusão de que a denúncia seria inepta. Considerando que Sergio Moro não iria se basear nem na entrevista nem no PowerPoint, o conceito de inépcia da denúncia dependia, necessariamente, da leitura atenta de suas 150 páginas. E isso certamente ele o faria. Se a denúncia fosse inepta, ele a rejeitaria; se não, iria aceitá-la.

E foi o que Moro fez: aceitou a denúncia. Não está isento de crítica. Mas para demonstrar o contrário, que a denúncia deva ser rejeitada, é preciso percorrer com ele as 150 páginas.

Os dois pontos básicos da denúncia, o tríplex e o armazenamento dos presentes presidenciais, foram mostrados com bastantes detalhes, documentos e fotografias. A crítica mais contundente não se prendeu ao objeto da denúncia, mas à sua formulação, em que apresenta Lula como o comandante máximo, o general, o topo da pirâmide.

Isso não foi amplamente demonstrado e a lacuna ficou mais profunda com a sucessão de epítetos. Essa é, no entanto, a apreensão geral do Ministério Público, avaliando o conjunto dos processos, incluídos os de obstrução da justiça. O próprio Janot já fez um pronunciamento público afirmando que Lula quer tumultuar o processo.

Lula ignorou os documentos apresentados pelos procuradores e se fixou na questão política. Apresentou-se não mais como uma jararaca, e isso é essencial para quem quer disputar a Presidência. Os companheiros já o salvaram nos momentos difíceis. Falcão lembrou de um senador não citado no arco de forças que foi contra o impeachment. Lula disse que as mulheres falavam até de madrugada no WhatsApp. Uma voz feminina o salvou do fundo da sala: "Os homens, também."

Mas nos momentos em que está, de fato, emocionado, ninguém consegue salvá-lo. Num deles, comparou-se a Jesus Cristo. Não chegou à audácia dos Beatles. Ele estava abaixo de Jesus Cristo, mas acima de todos nós.

Em seguida disse aquela frase sobre os políticos: ninguém é mais honesto do que o político porque em todas as eleições precisa ir às ruas pedir votos. Nessa versão tosca de defesa nos garante que nenhum profissional tem profissão mais honesta que Paulo Maluf, sempre chamado de ladrão, sempre se reelegendo. Os votos absolvem, não os juízes.

A história de chamar os funcionários públicos de analfabetos e sugerir que sua profissão não é tão honesta é um absurdo que deveria levar os defensores a uma reflexão sobre seu líder.

Afinal você não anuncia que está na luta pela Presidência e ofende num só parágrafo todo o funcionalismo público. Ou, então, você não é bom candidato.

Significa apenas que os artifícios e a mística que sustentaram uma fase de sua vida perderam todo o vigor. Lula não era um candidato a presidente, mas alguém bastante abalado na própria autoestima, lembrando, nostalgicamente, uma reunião com os líderes mundiais e acentuando que Fernando Henrique adoraria estar ali. Tudo o que reteve de uma importante reunião global foi uma vitória sobre o Fernando Henrique, como se este vasto mundo estivesse dividido entre PT e PSDB.

Vi na televisão alguém comparar os procuradores ao movimento dos tenentes, o tenentismo. De fato está presente nos dois grupos o mesmo impulso moralizador da política brasileira. Mas os métodos são outros, o que valeu aos tenentes prisão e exílio.

Os procuradores e todos os que participam da Lava Jato trabalham sob o império da lei, são controlados por instâncias superiores e também por uma forte cultura jurídica, que, de repente, brotou na imprensa brasileira. É um processo saudável, uma discussão necessária. Seria mais bem-sucedida ainda se buscasse alguma maneira de levar esses cuidados a todos os brasileiros às voltas com a Justiça.

O drama ainda não chegou ao terceiro ato: o julgamento. Aos vários julgamentos que envolvem o período. Nele versões e evidências se chocaram sem parar. Hora de conhecer os vencedores.

Caderno de anotações 14. A força da TV

O predomínio da televisão marcou uma ruptura com as eleições do passado. Já não pesavam programas, discursos. Imagem, música e movimento transmitiam a mensagem com uma carga emocional mais forte e maior latitude de sentidos.

Um grupo de mulheres grávidas descendo uma colina com uma bela iluminação transmite mais que um programa real de atendimento a gestantes. Cuidado, ternura, esperança.

Claro, havia debates, cifras, um processo mais racional. Mas o que pesava mesmo e envolvia muito dinheiro era a televisão.

Foi um pacto para vencer que resultou, certamente, em dívidas de campanha. Havia outra tarefa pela frente: como se relacionar com as forças tradicionais, como superar a experiência de ser apenas a vanguarda do atraso?

Essa gigantesca e complexa tarefa foi traída. Sempre que procuro entender a gênese dessa traição começo com as ruínas do Muro de Berlim. Os estilhaços ficaram engasgados na garganta de uma parte da esquerda latino-americana.

O socialismo fracassou. Viva o socialismo. As regras democráticas são um caminho para se chegar a ele, pensavam muitos.

Uma coisa é o lugar onde você vai estar sempre. Busca-se cuidar bem dele, melhorá-lo. Outra é um trampolim para se chegar ao novo sistema, ao socialismo do século XXI.

Nesse caso, parece válido dinamitar alguns dos alicerces da democracia.

Executivo controla Parlamento, Judiciário e imprensa, essa era a fórmula da transição para o socialismo que teve consequências tão graves na Venezuela.

NESTA PÁGINA:
O escândalo do Mensalão nas capas dos principais jornais do país.

PÁGINA AO LADO:
Ao lado da mulher, Marisa, Lula desfila em carro aberto na Esplanada dos Ministérios, no dia em que assumiu a Presidência da República. Brasília, 1/1/2003.
VICTOR SOARES / AGÊNCIA BRASIL

Quanto custa?

Quando o PT chegou ao poder já havia definido seu caminho na campanha. Creio que compreendi rápido. Talvez pudesse ser um pouco mais rápido.

Para as forças de oposição, as eleições são duras no Brasil. Envolvidos na disputa, temos o comportamento, às vezes, de um torcedor. Nos alegramos com o avanço do candidato, com a repercussão de seus programas. Mas não perguntamos quanto custa, quem vai pagar, como.

Na verdade, as respostas vieram pouco mais de dois anos depois, com o escândalo do Mensalão. Parte do dinheiro foi para pagar a campanha, parte para comprar deputados e assegurar maioria na Câmara.

Durante muitos anos perguntei como isso foi possível. E as respostas foram se escondendo atrás de uma política social, afinal estavam fazendo o bem.

Com a vitória eleitoral, foi preciso rever o conceito de corrupção. Antes, como todos achavam, era uma espécie de doença da política brasileira, daí a convergência dos discursos sobre ética entre as forças emergentes.

Para que a nova atitude fosse racionalizada, o foco passou para a justiça social, o único grande objetivo. Com seu êxito, os pequenos problemas seriam ofuscados, a corrupção seria apenas uma nota de pé de página na brilhante história que se desdobrava.

A política de alianças, antes tão discutida e calculada, abriu-se para uma tolerância total: todos eram aceitos. Os políticos tradicionais não eram mais vistos como gente que usava o Estado para enriquecer. O próprio conceito esquerda-direita sofreu uma torção. Direita é quem se opõe ao governo, esquerda é quem o apoia.

Pensando na campanha e na primeira fase do governo que desembocou no escândalo do Mensalão, julgado em 2014, escrevi que o PT parecia a velha senhora da peça de Friedrich Dürrenmatt, que volta para humilhar sua cidade natal:
o mundo fez de mim uma prostituta, vou fazer do mundo um bordel.

PSICODRAMAS

O GLOBO *25/9/2016*

Grão Mogol, Minas – De novo na estrada, e o intenso trabalho ao ar livre é o antídoto para a tristeza de ver não só o momento econômico, mas também a longa agonia do sistema político brasileiro. Não são animadoras as notícias que vêm de esquerda, direita e centro. Em toda parte, os parâmetros políticos são subvertidos. Lula, por exemplo, fez um pronunciamento para anunciar que era candidato. Comparou-se a Jesus Cristo e insultou numa só frase todos os funcionários públicos concursados do Brasil.

Os admiradores fazem vista grossa. Os livros do século passado definem a classe operária como a eleita para transformar a história. Eles querem um presidente operário, ainda que delirando. Lula disse coisas que contrariam o mais elementar senso político. A única saída é colocá-lo à força no modelo marxista e, sobretudo, não levar em conta o que diz. No fundo é adotar a mesma tática que adotei quando disse que Lula tinha "habeas língua". Buscar um sentido é perder tempo.

Num outro espaço, escrevi sobre o psicodrama da denúncia, parecido com aquele da condução coercitiva. As críticas se concentraram na coletiva da Lava Jato e no PowerPoint. A denúncia tem em torno de 150 páginas. Sergio Moro não ia aceitá-la ou rejeitá-la apenas vendo uma entrevista e o PowerPoint. É obrigado a ler atentamente. E aceitou. A denúncia foi apenas o segundo ato. O terceiro será a sentença, após um trabalho específico de coleta de dados e exame dos argumentos da defesa.

Mas, se o panorama é desolador à esquerda, o que dizer do restante do espectro? Rodrigo Maia, um jovem do DEM, foi aconselhado a não usar casa oficial ou avião da FAB. Maia recusou. Nesse último caso, então, o avião da FAB só para transportá-lo é um disparate econômico e ambiental. Acomodado no assento oficial de um avião vazio, sente-se, possivelmente, projetando mais poder. Mas está em franco conflito com a situação do país, inclusive com nosso compromisso internacional de reduzir emissões.

Um grupo de deputados tentou aprovar às pressas um projeto anistiando o caixa 2. Descobertos, pareciam um grupo de garotos travessos. De quem é o projeto que já estava na mesa do presidente? Ninguém sabia. O projeto não tem autor. Sua inclusão na pauta também é um mistério.

Uma semana depois do maior criador de jabutis, Eduardo Cunha, ser cassado, eles inventam um outro jabuti, desta vez destinado a proteger os investigados na Lava Jato.

Dizem que Renan estava ciente e Maia também. Renan está em luta aberta contra a Lava Jato. Pena que a recíproca não seja verdadeira. Apesar de tantos inquéritos, não foi incomodado. O interessante é pensarem que daria certo. Vão se recolher e preparar um novo truque. Possivelmente tão patético quanto esse.

As pessoas que fazem campanha eleitoral hoje contam que estão comendo o pão que o diabo amassou. As ruas estão frias, no limite da hostilidade. A indiferença era prevista. O inquietante é imaginar que vencedores vão emergir desse processo eleitoral tão atípico.

No psicodrama da denúncia contra Lula, ouvi alguns jornalistas dizendo: o Planalto acha que os promotores exageraram. Mas quem no Planalto? Temer, Geddel, Padilha ou Moreira? Quem está com sua espingardinha atrás da janela querendo atirar na Lava Jato? Houve gente que se expôs, de um lado e de outro, e a discussão sobre os caminhos da Justiça é saudável, embora inexista quando os acusados são pessoas anônimas.

Foram 115 as conduções coercitivas antes de Lula. E centenas de denúncias antes da dele.

De psicodrama em psicodrama, avança o conhecimento do que se passou no Brasil e aproxima-se o julgamento dos acusados.

Ainda não sabemos tudo porque o governo Temer é opaco, por escolha ou inépcia. É preciso usar a Lei da Transparência para descobrir o que resta.

Os homens no Palácio do Planalto, Temer à frente, estão no governo por um acidente constitucional. São parte de um sistema político em agonia, sócios menores do governo petista.

O Planalto com seus palpites, Renan e os deputados querendo anistiar o caixa 2, Lula defendendo-se da denúncia – todos de alguma forma reagem ao processo da Lava Jato, que precipitou a ruína do sistema político. Rodrigo Maia sentado na poltrona do avião da FAB: apenas uma das várias maneiras de se apegar ao passado.

Na ausência de um olhar para o futuro, para um sistema reformado, o Brasil dá uma sensação de exilar a própria sociedade que pede mudanças desde 2013.

De costas para a parede, protegendo-se da Lava Jato, os políticos de Brasília não almejam do futuro nada mais do que escapar de seu passado.

Caderno de anotações **15. Novo paradigma**

Deputados no Brasil sempre precisam do governo. Exceto uma insignificante minoria, eleita com votos de opinião, todos vêm de lugares que precisam de obras e têm necessidades que se tornam muito evidentes no debate eleitoral.

Essa relação de trocas sempre foi muito evidente, sendo celebrizada com a expressão toma lá, dá cá.

O governo petista dramatizou o fisiologismo tradicional, injetando dinheiro vivo nos partidos aliados. O objetivo não se limitava a manter a fidelidade nas votações do Congresso. A injeção de grana garantia recursos para as campanhas eleitorais; assegurava, portanto, a perenidade da aliança, a continuidade de um esquema de poder.

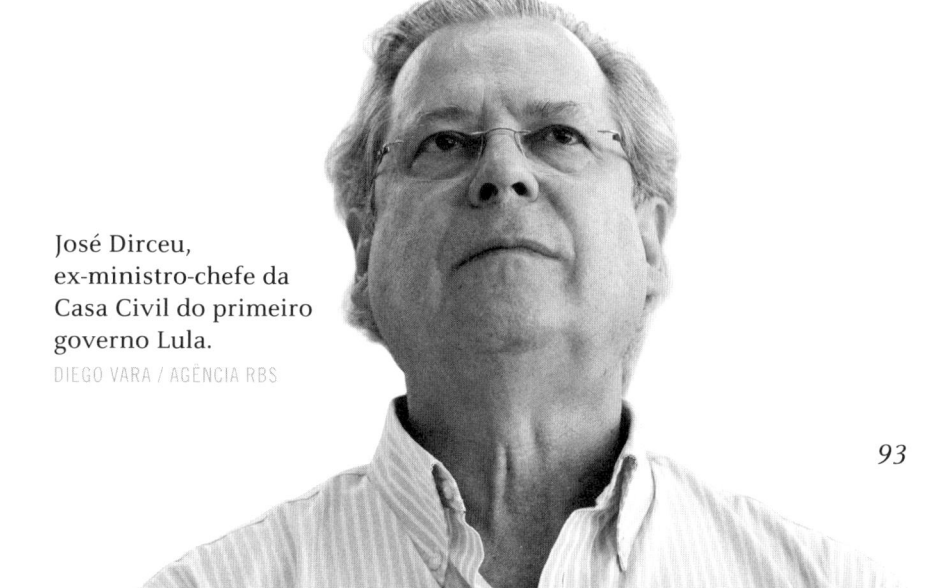

José Dirceu, ex-ministro-chefe da Casa Civil do primeiro governo Lula.
DIEGO VARA / AGÊNCIA RBS

ABAIXO:
A queda de Dirceu nas capas dos jornais *Folha de S.Paulo* e *Extra*, em 2005.

    A jovem democracia sofria um golpe letal. De que adiantavam os debates se os votos eram antecipadamente comprados?
    Um efeito colateral era o estímulo à roubalheira. Os partidos viam o dinheiro jorrar do esquema que detinha o poder central. Por que não assaltar também as esferas periféricas que estavam em suas mãos, sobretudo ministérios secundários e empresas estatais?
    No auge do debate sobre corrupção, o ex-ministro José Dirceu, condenado em dois escândalos, afirmou: "O PT não rouba nem deixa roubar."
    Nenhuma frase conseguiria descrever a realidade com mais precisão; bastava suprimir o não e o nem.

AS ILUSÕES PERDIDAS

O GLOBO *2/10/2016*

Hoje é dia de votar. Participei, diretamente ou não, de todas as campanhas do período democrático. Nunca vi nada assim. Para começar, é a primeira eleição sem dinheiro legal das empresas. E num momento em que os indivíduos não parecem propensos a contribuir. A imprensa mostra que o número de doadores é três vezes menor do que o número de candidatos. Sem contar que há muitos mortos entre os doadores e mais de um terço deles, 90 mil, são beneficiários do Bolsa Família. Dinheiro mesmo não veio da sociedade. Muito possivelmente a parte mais pobre dela contribuiu com CPFs para dar um verniz de legalidade às doações eleitorais.

"Na rua, parece que somos transparentes. As pessoas olham como se não existíssemos." A confissão é de um amigo que faz campanha. A indiferença é pesada para os que sonhavam em empolgar a cidade. Mas é também um alívio. A hostilidade seria bem pior. O traço central da campanha não é falta de grana, mas de credibilidade. Quase ninguém parece acreditar em alguma saída num sistema político que envelheceu e caducou.

No primeiro dia da semana eleitoral foi preso Palocci, um ex-ministro da Fazenda, homem importante do PT. Na sua conta, foram bloqueados R$ 30 milhões. Se olharmos para trás, para o início do processo democrático, veremos que todos os que prometiam combater a corrupção acabaram se afundando nela. Collor e Lula foram eleitos com essa bandeira. Ambos, de certa maneira, foram derrubados por aquilo que anunciavam combater.

Na medida em que as pessoas fogem das eleições, os bandidos mais se aproximam delas. A sucessão de mortes de vereadores e candidatos na Baixada Fluminense é um indício. Em quase todos os casos, milícia e tráfico de drogas estão envolvidos. Não se pode dizer que as pessoas foram mortas apenas por questões políticas. Muitas tinham algum tipo de relação com o crime organizado. Grosso modo, um policial definiu assim a sucessão de crimes: com raras exceções, não morreram porque eram políticos, mas sim porque eram bandidos.

Em Itumbiara, Goiás, o tiroteio durante uma carreata lembrou-me da morte de Kennedy, só que um pouco mais tosca e sem mistério. O assassino do candidato do PTB estacionou um carro na contramão da carreata e saiu atirando. Foi morto. A biografia política do candidato não autoriza suspeitar que tenha sido morto por suas ideias nem que o assassino seja um fanático religioso ou político. Na medida em que decaía, o processo político tornou-se cada vez mais permeável aos negócios escusos, aos grupos paramilitares, aos aventureiros que querem apenas enriquecer com governos.

Houve grandes eleições no Brasil. Já em 1982, pelo menos no Sudeste, ela consagrou políticos de dimensão nacional: Tancredo em Minas, Brizola no Rio e Montoro em São Paulo. Na de 1986, havia grandes expectativas que acabaram canalizadas para a primeira eleição direta para presidente, em 1989. Com a queda de Collor, a rápida passagem de Itamar e os dois governos do PSDB, as esperanças se voltaram para a esquerda do espectro político, encarnada pelo PT. Todos conhecem o resultado, embora alguns militantes, ideologicamente, tentem ressaltar seus aspectos positivos. Os fatos são inequívocos: o governo virou uma quadrilha, organizada para saquear o país.

Quando me lembro do entusiasmo de algumas eleições passadas, sinto uma certa nostalgia do tempo em que havia esperança. Alguns acham que a esperança deveria voltar, como se fosse algo que pudéssemos fabricar a qualquer momento. Quem tem esperança nesse processo político merece respeito, mas está distante da realidade. Quantas vezes não ouviu essas promessas eleitorais? Quantas vezes não viu candidato dizendo que ele, sim, pode resolver os problemas da cidade?

O desgaste do processo político é um fenômeno de alcance mundial. Mas cada país o vive de acordo com sua trajetória histórica. Estamos sustentando um sistema apodrecido. Não é exato dizer que as pessoas que se afastam dele sejam alienadas. Se entendemos alienação como distância da realidade, foi o sistema que se alienou, encastelando-se no próprio atraso, enquanto a sociedade avançava na aspereza cotidiana.

Quando examinamos simulações de segundo turno em alguns lugares, as coisas ficam muito claras. O índice de voto nulo é impressionante. Nem um nem outro. Esse nem um nem outro é uma espécie de mantra que ronda o sistema político brasileiro. Quase ninguém se sente representado.

Os movimentos moralizadores no Brasil, desde o tenentismo e algumas variáveis de esquerda, deram com os burros n'água. É uma ilusão, creio eu, pensar que apenas a entrada de pessoas honestas vai purificar o sistema. Desde Shakespeare, as pessoas são essencialmente as mesmas, com suas grandezas e misérias. Transparência, mecanismos de controle, redução de partidos, fim de foro privilegiado, mudanças no sistema – tudo isso aponta para um caminho promissor de mudanças. No mundo de hoje, é quase impossível salvar a política da mediocridade. Salvá-la do banditismo, entretanto, ainda é uma tarefa possível e necessária.

Caderno de anotações **16. O ovo da serpente**

Precisaria de muitos cadernos para descrever o que houve conosco. Desde o princípio, o grupo no poder jogou fora a bandeira da ética na política.

Mas a compra da maioria no Congresso foi como se um rio ácido invadisse os corredores e seus afluentes corrosivos entrassem pelas salas e gabinetes, destruindo o que ainda restava da esperança.

Fisiologismo
O ácido corroeu por cima, onde moravam as ideias estratégicas e altissonantes, como o fim da exploração do homem pelo homem, o glorioso destino da classe operária, agente histórico da transformação.

A economia estava em crescimento graças ao contexto internacional. No período que se iniciava, o tema da corrupção não deveria ser jogado para baixo do tapete, mas era apenas um acidente de percurso.

O mais importante era o crescimento do consumo, a satisfação material dos trabalhadores. Isso estava sendo conseguido. Tudo o mais era secundário.

A gloriosa classe operária dos sonhos passou a ser vista apenas nas suas necessidades materiais. Foi rebaixada ao fisiologismo pelos que a idealizavam.

UMA ESPÉCIE EM EXTINÇÃO

O GLOBO *6/10/2016*

Antes mesmo de conhecer Ulysses Guimarães, já sabia de sua importância no processo de democratização, sua presença inspiradora no front pacífico de luta contra a ditadura. Tive a oportunidade de entrevistá-lo e até de participar de reuniões com ele e Tancredo. Foi quando, junto com Paulo Sérgio Pinheiro, fomos falar de política de direitos humanos para o governo que seria montado.

Ulysses e Tancredo de vez em quando cochilavam. Estavam cansados de tantas reuniões. Ulysses vinha de uma intensa luta contra o governo militar, enfrentando cães policiais nas ruas de Salvador.

Em seguida, vieram a campanha das Diretas, a Constituinte; seu papel no período foi decisivo.

Um homem que exerceu 11 mandatos sem fazer campanhas, contando apenas com sua atuação em Brasília, era uma espécie em extinção. Não só pelo longo período em que os eleitores confiaram nele, mas também pela escolha de passar quase meio século naqueles corredores. Gostava de política, acima de tudo. De política e de Poire, uma aguardente de pera, feita para delicados paladares.

Quando Ulysses Guimarães cumprimentou um corneteiro numa cerimônia oficial foi um deus nos acuda. As pessoas pensaram, equivocadamente, que a lucidez desaparecia.

Mesmo se assim fosse, a forma de caducar de Ulysses Guimarães era das mais inofensivas e simpáticas. Quantos não ficam ranzinzas e ressentidos?

Infelizmente, coube-me cobrir as buscas pelo helicóptero em que Ulysses viajava quando desapareceu no mar. Trabalhava para a Rádio Gaúcha e estava presente no momento em que acharam o corpo de Severo Gomes, de quem gostava muito.

Refleti um pouco sobre aquela tragédia e concluí que Ulysses tinha morrido mais por um ímpeto de juventude. Desafiar o mau tempo naquele dia era um ato de coragem.

E pensei no quanto poderiam ter influenciado as questões políticas, os assuntos urgentes que pesavam nas suas costas.

Líder estudantil, advogado, escritor, político, Ulysses talvez tenha sido o último grande nome de uma tradição parlamentar brasileira onde figuram personalidades como a de Joaquim Nabuco.

A verdade é que alguma coisa também começava a decair com intensidade: o próprio sistema político brasileiro. No palanque das Diretas Já, ao lado de Ulysses e outros da velha guarda, dois novos nomes emergiam: Collor e Lula. Eles disputaram as eleições de 1989 que Ulysses perdeu.

Hoje, Lula e Collor vivem um inferno astral. O que significa também, ressalvadas as responsabilidades individuais, que alguma coisa está errada no sistema que construímos a partir das Diretas.

Uma boa homenagem a Ulysses seria retomar o caminho perdido. Havia muitas esperanças no processo político a partir das Diretas. E alguma fraternidade numa trajetória que azedou nos últimos anos.

Leio na revista *Piauí*, em reportagem de Julia Duailibi, que Ulysses ajudou o pai de João Doria Júnior a fugir do país, perseguido que era da ditadura militar.

Apesar de ter trilhado caminhos diferentes na luta contra a ditadura militar, compreendi muito rapidamente o papel dos que ficaram e generosamente lideraram a travessia.

Ao responder a um repórter que atribuía a luta contra a ditadura aos grupos armados, disse que estava equivocado. Os grupos armados podem ter sido mais espetaculares e mais glorificados com a construção da imagem de Dilma.

Quem derrubou a ditadura foi a sociedade, respondi, foi o seu pai, a sua mãe. Se o encontrasse acrescentaria: todos eles muito bem representados por gente como Ulysses Guimarães.

Caderno de anotações 17. **A acrobacia mental**

O PT prometeu trazer a ética para a política. Nos primeiros anos, ficou evidente que trazia a própria degradação com a compra dos deputados.

Era preciso ajustar isso na cabeça. Inicialmente, foram dados alguns passos que evocam a obra 1984, de George

99

Orwell, como o recurso à novilíngua, a criação pelo governo hiperautoritário da ficção de um idioma para controlar a linguagem e o pensamento das pessoas.

O dinheiro vindo da corrupção ganhou o nome de "caixa 2 de campanha". Isso atenuava o impacto legal do desvio, levando-o para a esfera mais branda dos crimes eleitorais.

O caixa 2 foi rapidamente substituído pela expressão "recursos não contabilizados". Algo tão suave: o contador cochilou de cansaço e esqueceu precisamente de registrar um movimento de milhões.

O esforço em criar uma nova língua ainda era uma fase de negação. Muito em breve, daria lugar a outra: estamos fazendo o bem, o crescimento da renda, a entrada de milhões na classe média, isso é história.

Finalmente, o cinismo aparece como o instrumento mais usado: não inventamos a corrupção, os outros também fazem.

O argumento revela também uma mistificação histórica. O partido que se elegeu afirmando que era diferente dos outros buscava, desesperadamente, parecer com os outros, para atenuar sua culpa.

Era contra tudo que está aí. Hoje, é o símbolo de tudo que está aí. Mas sob certos aspectos é pior que os outros.

Em primeiro lugar, prometeu algo e fez o oposto. Em segundo, o mais importante, transformou a corrupção numa política de governo e submeteu toda a máquina aos seus desígnios de produzir fortunas para campanhas políticas e para enriquecer seus líderes.

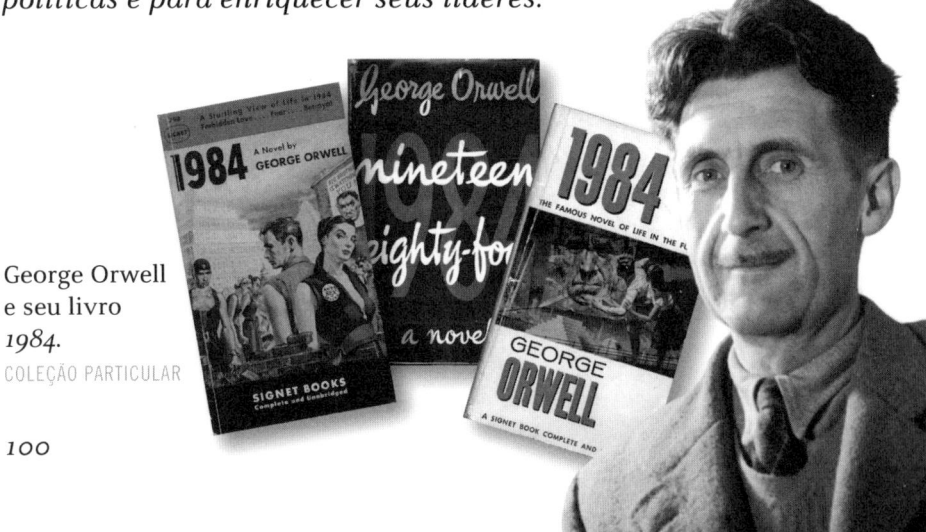

George Orwell e seu livro *1984*.
COLEÇÃO PARTICULAR

VOTANDO E APRENDENDO A VOTAR

O ESTADO DE S. PAULO *7/10/2016*

Não tenho o hábito de comemorar derrota de adversários, porque me lembro de que também já tive as minhas, aritmeticamente humilhantes. No entanto, o resultado das eleições é uma espécie de confirmação eleitoral do fim de uma época.

Na verdade, o marco inaugural foi o impeachment, que muitos insistem em dizer que foi produto de uma articulação conservadora e dos meios de comunicação. Os defensores dessa tese têm uma nova dificuldade. Se tudo foi mesmo manobra de uma elite reacionária, se estavam sendo punidos pelo bem que fizeram, por que o povo não saiu em sua defesa nas urnas?

Sei que a resposta imediata é esta: a Operação Lava Jato, o bombardeio da imprensa, tudo isso produz uma falsa consciência. Esse argumento é uma armadilha. Nas cartilhas, exaltamos a sabedoria popular. Vitoriosos nas urnas, é para ela que apontamos, a sabedoria popular. De repente, foram todos hipnotizados pela propaganda?

Considero que estas eleições mostraram também uma grande distância entre campanhas e eleitores. No entanto, o declínio geral do sistema político não pode servir de refúgio para esconder a própria derrota.

Em certos momentos da história é difícil delimitar a fronteira entre um movimento político e uma seita religiosa. Mesmo antes do período eleitoral, tive uma intuição do que isso representa. Estava pedalando pela Lagoa, no Rio de Janeiro, e uma jovem com fone no ouvido gritou: "Golpista!" Saía da natação, era uma bela manhã de setembro, sorri para ela.

Na verdade, estava a caminho de casa para ler o relatório da Polícia Federal sobre as atividades de Antonio Palocci que envolvem os governos do PT. Imaginava o que iria encontrar. Ao chegar em casa pensei nela, na moça com dois fios saindo do ouvido. Se pudesse ler isso que li e tudo o que tenho lido, talvez compreendesse o que é ser dirigido por uma quadrilha de políticos e empreiteiros. Num raciocínio de rua, pensei ao cruzar com operários da Odebrecht que trabalham nas obras do metrô na Lagoa: esses são gentis, dizem bom-dia.

Bobagem de manhã de setembro, mas uma intuição: enquanto se encarar a queda de um governo que assaltou e arruinou o Brasil como um golpe de Estado, será muito difícil deixar os limites da seita religiosa e voltar à dimensão da vida política.

Há derrotas e derrotas. A mais desagradável é quando não existe uma única voz sensata dizendo a frase consoladora: o pior já passou.

Quem lê o que se escreve em Curitiba, não só os contos de Dalton Trevisan, mas os relatórios da Lava Jato, percebe que muita água vai rolar.

As eleições não mostraram apenas uma derrota do PT, mas revelaram a agonia do sistema político. Certamente, as de 2018 serão ainda mais decisivas para precipitar a mudança.

Esse é um dos debates que já correm por fora. Às vezes, tocando em aspectos do problema, como o foro privilegiado, o número de partidos; às vezes, discutindo uma opção mais ampla, como a mudança do próprio regime.

Certamente, um novo eixo mais importante de debate se vai travar entre as forças que apoiaram o impeachment. Não são homogêneas, têm diferentes concepções.

A derrocada do populismo de esquerda não significa que não possa surgir algo desse tipo no outro lado do espectro político. Os eleitos de agora têm uma grande responsabilidade não somente com a aspereza do momento econômico, mas também com sua própria trajetória.

Se o sistema político está em agonia, isso não significa que será renovado a partir do zero. A história não começa nunca do zero. Um novo sistema político carregará ainda muitos feridos das batalhas anteriores. E talvez alguns mortos, por curto espaço de tempo.

Creio que o alto nível de abstenção e votos nulos possa fortalecer esse debate. Embora a abstenção elevada seja um fenômeno internacional.

No mesmo dia das eleições municipais no Brasil, a Colômbia votou o referendo sobre o acordo de paz. Abstenção: 62%. Na Hungria, votou-se o projeto europeu de cotas para receber imigrantes. O número de eleitores foi inferior a 50%, invalidando a votação.

Cada lugar tem também suas causas específicas para que tanta gente não se importe com algo que nos parece importante.

As eleições confirmaram que a qualidade dos políticos representa muito no aumento do descrédito. Mesmo em países com voto facultativo e, relativamente, altos níveis de abstenção, isso parece confirmar-se. Uma campanha como a de Obama atraiu mais gente para as urnas nos EUA.

Depois das eleições começa a etapa em que a superação da crise econômica entra para valer na agenda. Sempre haverá quem se coloque contra todas as reformas e projete nelas todas as maldades do mundo.

Mas entre os que consideram as mudanças necessárias é preciso haver a preocupação de que os mais vulneráveis não sejam atingidos. O instrumento para atenuar o caminho é um nível de informação mais alto sobre cada movimento.

Tenho a impressão de que o Ministério da Educação compreendeu isso na reforma do ensino médio. Outros fatores contribuem para que a discussão seja adequada ao momento. Várias vozes na sociedade já se manifestam a respeito da reforma.

E, além disso, é um tema bastante debatido. Lembro-me de que em 2008 Simon Schwartzman me alertou para o absurdo do ensino médio brasileiro. Defendi a reforma e não me recordo de ninguém que defendesse o ensino médio tal como existe hoje. Por que conter o avanço?

É o tipo de momento em que é preciso esquecer diferenças partidárias. Os índices negativos estão aí para comprovar.

O Congresso pode discutir amplamente o tema, apesar da forma, por medida provisória. Mesmo as críticas sobre a retirada da obrigatoriedade da educação física devem ser considerados – embora eu ache a educação física facultativa mais eficaz que a obrigatória. E mais agradável para o corpo.

Caderno de anotações **18.**
Em busca da esperança perdida

Hoje caminho entre escombros. O sistema político está em ruínas. O PT foi para o espaço. Entre a poeira e as cinzas, é preciso estudar o desastre. Achar os temas decisivos, embora não possa ordená-los com rigidez hierárquica.

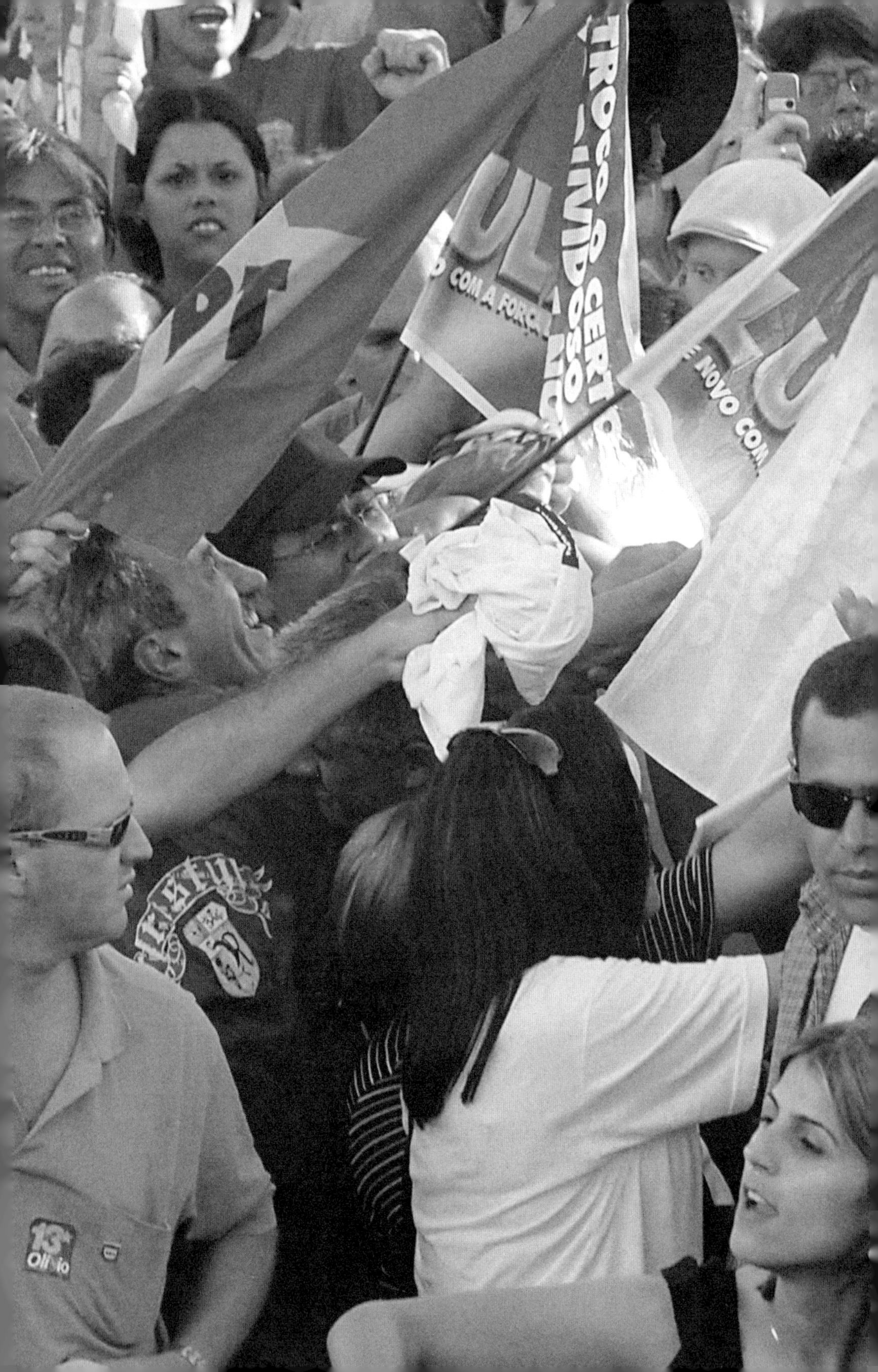
PT
NOVO COM
13
Olívio

Lula e o povo, na campanha pela reeleição, em 2006.
MARCELLO CASAL JR. / AGÊNCIA BRASIL

Começo pelo populismo. E anoto: um adversário resistente. Mas é preciso lembrar que existe também fora dos países tropicais. Está em toda parte em que há esperanças frustradas, medo do estrangeiro, sede de soluções fáceis diante da complexidade do mundo.

O populismo também não é novidade para a esquerda brasileira. Ele é precisamente o que ela condenava no governo João Goulart, derrubado pelos militares em 1964.

Assim como a corrupção, o populismo era um alvo de combate. E a experiência da esquerda se afundou, exatamente cavalgando a fera que se propôs liquidar.

Verde-vermelho. A ideia de unir ecologistas e social-democratas numa mesma frente foi um fracasso nos trópicos. O vermelho da social-democracia europeia era, na verdade, o vermelho do socialismo. E o caminho ecológico era novo e complexo demais.

Não basta boa intenção nem repetir os alarmes que rodam o mundo. É preciso dar respostas específicas para um país real. Tarefa quase impossível quando não se conhecem nem o país nem o debate teórico sobre o tema.

O projeto de chegar ao poder por meio das eleições não é o mesmo de ocupar o governo em alternância democrática. É preciso desesperadamente vencer as eleições.

Transformar um programa de governo num programa de televisão e acreditar nele é um passo decisivo para o cinismo.

E aí se colocam as armas do populismo. Dividir o país entre pobres e ricos e convencer os primeiros de que a vitória seria um caminho de crescente consumo.

VOZES E SILÊNCIO NO DOMINGO

O GLOBO *9/10/2016*

Ganhar ou perder eleições, vitórias apertadas, derrotas humilhantes – tudo isso faz parte da política. Mas, diante das urnas totalizadas, a melhor reação não é remoer rancores, mas entender o que as pessoas tentaram dizer com seu voto. Em primeiro lugar, o recado dos que não foram às urnas, votaram em branco ou anularam. Em número, superaram os votos do candidato eleito em primeiro turno em São Paulo. No Rio, foram mais numerosos que a soma dos votos dos dois Marcelos que chegaram ao segundo turno.

No mesmo domingo em que houve eleições municipais no Brasil, colombianos e húngaros foram às urnas, também com um alto nível de abstenção. Isso acontece em muitos países, mas em cada um tem suas razões. No caso brasileiro, a julgar pelo que ouvi nas ruas, e olha que rodei muito para um não candidato, muitos se sentem não representados, outros temem que seu voto acabe fortalecendo a roubalheira de sempre. A agonia do sistema político brasileiro ficou evidente, e já é mais do que hora de alguma mudança, para não chegarmos ao nível do plebiscito húngaro: somente 39% dos eleitores votaram.

As eleições mostraram uma rejeição nacional ao PT, com maior intensidade em São Paulo. Não adianta se consolar com o fato de que o sistema político também foi rejeitado. Na contagem de votos, ficou claro que alguns foram rejeitados; outros, escolhidos. É simples assim. Mas a tendência a negar tudo, esse complexo de marido infiel de Nelson Rodrigues, vai persegui-los por algum tempo. Cada um com suas ilusões. Na semana passada, escrevi sobre as ilusões perdidas no processo político. Por coincidência, encontrei um texto sobre ilusão, comparando o budismo e o taoismo. Segundo o autor, o budismo procura nos despertar do sonho. O taoismo nos desperta para o sonho. O pensador taoista Chuang-Tzu afirma que despertar para a verdade de que a vida é um sonho não significa afastar-se dela, mas acolhê-la de uma forma mais sábia. O místico chinês achava que não podemos nos livrar das ilusões, apenas tentar sempre despertar para um sonho mais lúcido.

A eleição de São Paulo consagrou um candidato com um perfil mais próximo do empresário que do político profissional. Além da corrupção, que é o grande tema, existe no ar uma demanda por eficácia. Os empresários experimentados na gestão são uma espécie de alternativa que surge espontaneamente nos sistemas políticos em crise. São, na aparência, distintos dos políticos e, além do mais, podem financiar suas campanhas com recursos próprios. No entanto, o processo é muito mais complexo que a simples gestão. É inegável que ela é um fundamento essencial de um governo. Mas outras habilidades – como harmonizar interesses conflitantes e projetar o futuro de uma complexa metrópole – também têm seu peso e podem cobrar caro pela sua ausência.

No caso da derrocada do PMDB no Rio, não creio que o tema gestão tenha sido decisivo, mas vejo uma importância maior na escolha do candidato. A tendência dos governantes é escolher alguém pelo seu nível de fidelidade. Lula arruinou a possibilidade de um processo político no PT escolhendo Dilma. A ideia de impor sua própria escolha ao eleitorado acaba empobrecendo a própria disputa eleitoral. Ainda mais porque, às vezes, nos arvoramos em interpretar a opinião dos eleitores e achar que ela é volúvel e pode ser domesticada pela propaganda. Nesse sentido, o processo americano de eleições primárias soa muito mais adequado. Os candidatos passam por duras provas, submetem-se a debates, e só depois de conquistar suas próprias bases partem para o confronto maior. As escolhas do PT e de Paes ganharam um nome nascido no partido dominante no México: a dedada, como instrumento de escolha.

No entanto, os norte-americanos têm uma fórmula que permite, pelo menos parcialmente, estabelecer um vínculo entre os candidatos e os eleitores. Potencialmente, é algo que melhora a qualidade política. Como explicar Trump, então? Ele passou por todos os testes, explorou a imagem de empresário e se aproveitou do desgaste dos políticos. Alguns dos melhores republicanos reconhecem a limitação de Trump. Assim como alguns tucanos em São Paulo têm reservas em relação a João Doria.

Mas esse é o recado. Sistemas políticos envelhecidos, que não conseguem produzir sua renovação, acabam sendo superados por algo que vem de fora, inicialmente pessoas bem-sucedidas, com capacidade de financiar suas campanhas. Não há milionários nem astros de TV para assumir todos os governos. Não é uma solução para um problema mais amplo. Dissociado de um projeto coletivo, do permanente choque de ideias, o sistema político em agonia foi às urnas e perdeu as eleições. Sem desculpa para a derrota do PT, que muito contribuiu para aviltá-lo.

Já que, segundo Chuang-Tzu, escolhemos apenas as ilusões das quais não podemos nos livrar, arrisco dizer que domingo foi o prenúncio de uma reforma política. Mas, como Chuang-Tzu, não sei se sou um homem sonhando ser uma borboleta ou uma borboleta sonhando ser um cronista do *Globo*.

Caderno de anotações **19. Leite e mel**

Sobre o populismo, é bom lembrar que a maioria das pessoas quer prosperidade. Grande parte delas, rápida redução da desigualdade social.

Muitos programas propõem isso num contexto eleitoral em que jamais são considerados seriamente os recursos disponíveis. O dinheiro, bem, o dinheiro a gente vê depois.

Não se incomodam com o fracasso da experiência mesmo que, na sua insustentabilidade, leve os pobres a uma ruína maior no futuro.

A LEI PARA QUASE TODOS

O ESTADO DE S. PAULO 4/11/2016

F oro privilegiado ou foro por prerrogativa de função? Cláusula de barreira ou cláusula de performance? As palavras, principalmente em política, costumam expressar posições bem definidas.

O que chamamos foro privilegiado nem sempre foi visto assim. No passado era pior. As pessoas tinham direitos a partir de sua origem, de sua classe social, algo que as acompanhava até à morte. Nesse sentido, ao limitar o foro especial ao exercício de uma função, houve um avanço indiscutível. Perdido o cargo, retorna-se ao destino comum.

Deputados e senadores só podem ser processados pelo Supremo Tribunal Federal. Em princípio, não é uma coisa boa se você fez algo errado. Os juízes do Supremo são mais competentes e, portanto, mais capazes de desarmar todas as tramas da defesa. Além disso, ao ser condenado pelo Supremo, não há para onde correr, não há chances de recursos a uma instância superior, como na vida aqui embaixo, onde os condenados se veem às voltas com juízes de primeira instância.

Por que os parlamentares se apegam tanto ao foro especial? Por que desqualificam os outros juízes, considerados por Renan Calheiros juizecos de primeira instância? Por que preferem o que deveriam temer?

A resposta está no tempo, isso que nem sempre sabemos definir, mas sabemos muito bem o que é. Os processos no Supremo levam anos para ser julgados, o tempo corre a favor dos acusados.

Segundo os últimos números, cerca de 224 parlamentares são objeto de investigação ou ações no Supremo. De 1988 para cá, 500 foram investigados e apenas 16, condenados.

Os números atuais são um recorde. Alguns parlamentares respondem a mais de um processo. Há os recordistas, como o senador Lindberg Farias (PT-RJ) ou o ex-deputado Paulo Cesar Quartiero, hoje vice-governador (de Roraima), com 13 inquéritos cada um.

Nada tenho pessoalmente contra Quartiero. Desenvolvi mesmo uma visão crítica sobre a delimitação da área indígena Raposa–Serra do Sol. Mas andei por lá em algumas ocasiões, inclusive num momento em que Quartiero destruiu suas instalações de beneficiamento do arroz que produzia, revoltado com a perda de suas terras.

Como fiz algumas fotos, a Justiça me chamou para depor. Fui lá, no dia e hora marcados, e contei o que vi. E disse que tinha as fotos. Por precaução, salvei algumas e as mantive na mesa do computador.

Nunca mais fui chamado. De vez em quando, olhava as fotos e pensava comigo mesmo: vou mantê-las aí, pode ser que se interessem, que queiram voltar ao tema. Com o tempo, retirei-as da minha vista. Nunca mais soube de nada a respeito desse assunto e, na verdade, perdi o interesse.

Claro que quero voltar a Uiramutã e pernoitar numa pensão de R$ 20 por noite, rever todas as belezas daquela região de Roraima, na fronteira com a Venezuela e a Guiana. Mas o destino da Raposa–Serra do Sol, tão discutido no passado, não é mais pauta de reportagem. Teria de fazer uma grande ginástica narrativa para que as pessoas se interessassem pelo que, de fato, aconteceu depois da delimitação da área indígena.

Tudo o que é sólido se desmancha no ar. A frase de Marx, adaptada por Marshall Berman para o continente americano, tem plena validade para o Brasil. Estou falando de um dos 500 casos que, por coincidência, se entrelaçaram com a minha trajetória pessoal.

Um dos inquéritos mais antigos de Renan Calheiros é o que envolvia sua amante mantida por empreiteira. O caso revelou uma riqueza pessoal insuspeitada e também se dissolveu no ar. Todas as etapas foram cumpridas no tempo. Acabou em pizza, o que em termos amorosos quer dizer: em poses para uma revista masculina.

A passagem do foro privilegiado para o comum não significa necessariamente uma solução perfeita para o problema. Lembro-me de que o deputado Bonifácio de Andrada muitas vezes enfatizou, em conversas sobre o tema, como é perigoso ser perseguido por um juiz no interior, sobretudo no momento eleitoral, em que as paixões políticas se acendem.

Atualmente, fala-se numa espécie de Corte dedicada exclusivamente aos parlamentares e outros detentores de foro especial. Não me parece a melhor saída. No entanto, a pior de todas é continuar empurrando com a barriga, enquanto os processos dormem no Supremo.

Aquele célebre momento em que Dilma nomeou Lula para protegê-lo de Sergio Moro deveria ser um ponto de inflexão. Na verdade, o mensageiro acabou ofuscando nossa memória da mensagem. Quem não se lembra do Bessias? Depois que Dilma caiu, todos queriam saber do Bessias, por onde andava, se estava recebendo seu salário, que futuro teria o Bessias num país sem Dilma na Presidência... Se, de repente, começarmos a chamá-lo de Messias, sua mensagem pode ter um significado mais amplo. Seu tropeço anunciaria um novo tempo, sem truques e artimanhas.

Ex-governantes sofrem crueldades, assim como repórteres investigativos. Uma delas é a dispersão de processos, o que os obriga a correr de um lado para outro, tornando-os escravos de uma defesa de Sísifo: mal se explicam aqui e já é preciso sair correndo para se explicarem a alguns quilômetros de distância.

Com todas essas pedras no caminho, é preciso buscar uma saída. Dizem que uma das conquistas da Lava Jato foi demonstrar que a lei vale para todos. Mas vale mesmo?

A cadeia de Curitiba está cheia de gente sem mandato. Quem tem mandato tem polícia particular, com sofisticadas malas para desmontar grampos, assessorar bandidos no Maranhão. E ministros no Supremo para, com a rapidez de um relâmpago, livrá-lo das complicações. Mexam com os jagunços de terno preto e gravata e não faltará uma sumidade jurídica para nos esfregar a Constituição na cara.

A lei vale para todos? Felizmente, ainda não estão prendendo quem responde a essa frase com uma gargalhada.

Caderno de anotações **20. Combate ao populismo**

Como livrar o país de novas investidas populistas? Educação, crescimento econômico, diz o bom senso.

O crescimento da extrema direita nacionalista na Europa abala esse argumento. Crise econômica e medo do imigrante abrem um grande espaço para a demagogia, mesmo em países com alto nível cultural.

Anoto: neste domingo, vou dormir acreditando que não há uma fórmula universal para combater o populismo.

É preciso em cada momento analisar as causas que o animam.

E enfrentá-lo com a modesta arma de visão real dos problemas, soluções baseadas nos recursos existentes, demoradas, difíceis.

Maneira mais frequente de se perder a eleição.

Cooperação

O sistema político construído após a ditadura foi abalado pela Operação Lava Jato. No princípio era uma investigação apenas para prender doleiros ligados a um posto de gasolina em Brasília.

Transformou-se no grande fato político que impulsionou a queda do PT e abalou todos os grandes partidos.

Alguns fatores colocaram as instituições alguns passos adiante da corrupção vitoriosa até aquele momento. Um deles foi a união de três delas: Polícia Federal, Ministério Público Federal e Receita Federal.

Outro, certamente, foi o uso dos computadores, que ampliam a possibilidade de estabelecer conexões, detectar vínculos que suscitem hipóteses ou mesmo certezas parciais.

Uma nova atmosfera internacional, estimulada por tratados anticorrupção entre países e a abertura de alguns,

PF em ação para prender policiais legislativos acusados de atrapalhar a Operação Lava Jato. Brasília, 21/10/2016.
ED ALVES / CB / D.A PRESS

Sergio Moro, juiz responsável pela Operação Lava Jato, em 2015.
LAILSON SANTOS / ABRIL

como a Suíça, permitiu uma cooperação inédita com a investigação brasileira.

E, finalmente, o conhecimento acumulado sobre o crime de lavagem de dinheiro desde que a lei da lavagem foi sancionada, em 1998.

O juiz Sergio Moro tem uma grande experiência no combate a esse tipo de crime.

Pela primeira vez, a ideia de que a lei vale para todos deixava de ser uma ficção para se tornar uma possibilidade real. Caíam os mais poderosos empreiteiros do país, que, ao lado de políticos e altos funcionários, arrasaram a maior empresa nacional: a Petrobras.

PARA LÁ DO FIM DO MUNDO

O GLOBO *6/11/2016*

Saiu a delação de Marcelo Odebrecht e seus 75 executivos. Trezentos novos casos de corrupção devem inundar o noticiário. Os políticos a chamam de delação do fim do mundo. O próprio Sergio Moro teria comentado: espero que o Brasil sobreviva. Sobreviverá. Olho Lisboa da janela do avião. Em 1775 houve um terremoto, seguido de um tsunami e um grande incêndio. A cidade lá embaixo está linda e ensolarada. Não será nada fácil. Como não deve ter sido para os contemporâneos do marquês de Pombal enfrentar tantas calamidades em série. Não é possível começar do zero, vamos ser governados por mortos e feridos. Um cenário que parece ter saído daquela série americana *Black mirror*, cheia de histórias que projetam um sinistro futuro a partir das tendências do presente. Teremos enfermarias de caixa 2, propinas, achaques, chantagens, formação de quadrilha e lavagem do dinheiro.

Poderemos usar os mortos recolhendo todos os seus posts no Facebook, discursos antigos, confissões; com essa base de dados simularemos suas respostas à nova situação. Os que usaram caixa 2 consideram a prática tão normal e corriqueira que inclusive querem uma alta da enfermaria, uma espécie de anistia. Afinal, dizem eles, caixa 2 existe desde Cabral (Pedro Álvares). Se todos forem punidos, será preciso reescrever a História do Brasil.

É preciso definir um marco no tempo: as próximas eleições, por exemplo. Quem usou recursos lícitos e não declarou está livre. A partir de 2018, tudo será diferente.

Vai ser uma confusão. O caixa 2, no caso, seria apenas um dinheiro de origem lícita não contabilizado na Justiça Eleitoral. Ao contrário da propina, grana em troca de algum favor oficial. Tudo isso ainda está na fase de roteiro, conversas de bastidores. O ministro da Justiça disse que a Lava Jato iria até onde os fatos a levassem.

O melhor, portanto, é esperar todos os fatos e ver quem, realmente, estará em que enfermaria, quem será ressuscitado para uma breve vida virtual, quem irá para as nuvens do céu de Curitiba.

Ninguém vai morrer calado. O governo, por exemplo, move-se para salvar Renan Calheiros no Supremo. O próprio PSDB, que se saiu bem nas eleições, vai passar por momentos difíceis. As empreiteiras estão envolvidas em todos os governos do país, elas eram o verdadeiro ministério do Planejamento; as obras, assim como as propinas, brotavam de suas planilhas.

Cada estrada, cada ponte, cada viaduto, cada estádio de futebol, onde quer que nossos olhos repousem, com ou sem lente de contato, o dinheiro escorre pelos canais do superfaturamento. Cada edifício que cai, cai vergado pelo peso da grana espúria. Essa é nossa história. Não é preciso que os fatos nos levem a ela. A Lava Jato é apenas um inventário para efeito dos ritos judiciais. No terremoto que abalou Lisboa, seguido de ondas que varreram suas áreas baixas e um grande incêndio que lambeu seus prédios, foi preciso decisão rápida.

Pombal era um homem decidido, mandou jogar os corpos no mar, articulou engenheiros e construtores, enfim, ganhou tempo em vez de apenas se lamentar. Num desastre de natureza política, o caminho da reconstrução não é tão linear. Depois das eleições, o mar está tinto de algas vermelhas. Não foi preciso prender todo mundo para que os eleitores compreendessem. Da mesma maneira, não será com anistia que os políticos ganharão um passaporte para o futuro. Basta seguir os fatos, conhecê-los de uma forma responsável. A delação do fim do mundo deveria ser homologada rapidamente e divulgada com todos os detalhes, não aos poucos, como se fosse uma ação entre amigos.

É preciso examinar a extensão do desastre para começar a reconstruir. Ou será que os escândalos semanais criaram uma espécie de dependência que ficará insatisfeita quando o trabalho essencial for apenas reformar um país devastado?

A hecatombe nos ameaça de todos os lados. Hillary Clinton diz que Trump levará o planeta a uma guerra nuclear. Melhor fazer logo o que tem de ser feito e ver o que há, realmente, para lá do fim do mundo. Keynes dizia que a longo prazo estaremos todos mortos. Isto é válido para pessoas. Países, com raríssimas exceções, sempre sobrevivem.

Caderno de anotações 21. **Novo instrumento**

A delação premiada é um instrumento novo no Brasil. Muitos a entenderam como resultado de uma pressão sobre os investigados. Um vice-líder do governo a chamou de tortura do século XXI. Costumo dizer nos meus artigos: não entende nem de tortura nem do século XXI.

Com investigações modernas, cruzamento de dados, os prisioneiros são confrontados com evidências. Eles percebem que foram descobertos e que o caminho da negação os jogará na cadeia por muitos anos. A delação premiada não é uma tortura, mas um alívio, uma esperança de prisão domiciliar com uma tornozeleira eletrônica.

As tornozeleiras

As tornozeleiras são um novo objeto no cotidiano nacional. No auge da crise, sua produção cresceu. Em alta escala podem ser uma forma mais econômica de manter presos. Mas é um tipo de experiência que vem de cima. Entre os mais ricos que dispõem de casas luxuosas, a tornozeleira é apenas um pequeno incômodo, como a falta de lenha na lareira ou um vazamento no quarto dos fundos.

Tornozeleira: **imune** à crise econômica.

O avesso da delação

A Operação Lava Jato pôs a nu um gigantesco esquema de corrupção. A maneira como os políticos no poder reagiram a ela criou uma poderosa tensão entre uma avalanche de evidências e negações sistemáticas.
Como isso foi possível?

Cinismo global

É uma ilusão pensar que os problemas da democracia são exclusivamente brasileiros, embora aqui tenham algumas características mais grotescas. O livro Las atmósferas de la política: diálogo sobre la democracia, *uma coletânea moderna organizada por Bruno Latour e Pasquale Gagliardi, toca em questões globais que se expressam também em nosso país.*

Latour enfatiza o constante esforço de negar pela narrativa as evidências que a realidade revela. Existe um cinismo típico dos políticos profissionais que na França ganhou até o nome de langue de bois.

No Brasil também temos uma expressão para isso: cara de pau. No entanto, embora descrevam o fenômeno, essas expressões não o explicam.

Bruno Latour aponta um momento decisivo na história contemporânea em que a narrativa substituiu as evidências e justificou uma guerra. Foi quando o secretário de Estado americano Colin Powell foi à ONU apresentar provas – fotos, mapas e vídeos – da presença de armas de destruição em massa no Iraque. Elas, simplesmente, não existiam.

Foi tudo tão estranho naquela guerra. Houve intelectual que afirmou que ela não existiu. Era apenas uma narrativa. Num mundo em que a imagem é dominante e em que a política se transformou num espetáculo, aquele era o grande show. O curioso dessa interpretação é deixar de lado a guerra real, com morte e sofrimentos reais, para se deter apenas na narrativa.

Pós-tudo

Essa atmosfera de cinismo envolvia também o Brasil. No caso de um governo de esquerda, havia ainda o fator ideológico, a presunção de que os fins justificam os meios.

Quando se formula um script da história, um inevitável desenrolar para a aventura humana, a tendência é a de tratar com paternalismo os inocentes, aqueles que não reconhecem os sinais dos tempos ou mesmo ignoram os sinuosos caminhos do progresso.

É nesse contexto que vejo a escolha histórica do PT e de seus aliados: negar a avalanche de evidências sobre a corrupção no governo. A base do delírio é a suposição, até certo ponto correta, de que as pessoas tendem a acreditar nas notícias que fortalecem suas posições. Normalmente, elas não leem interpretações contrárias às suas crenças.

As notícias de corrupção partiam de um inimigo, a República de Curitiba, sede da Operação Lava Jato, e eram seletivas: concentravam-se apenas na esquerda, perseguida pela grande mídia. Era o que dizia a defesa.

Os fatos eram sérios o bastante para colocar na cadeia os tesoureiros do partido. Ainda assim, a negação persistiu. Um dos tesoureiros do PT, João Vaccari Neto, usava mochila e costumava levar dentro dela a grana que recebia das empreiteiras. Mas só os muito ingênuos poderiam acreditar que ele ficava com todo o dinheiro que carregava, que não o distribuía para a direção do partido.

João Vaccari Neto,
ex-tesoureiro do PT.
MARCELO CAMARGO / AGÊNCIA BRASIL

Cerimônia do adeus
O choque entre a narrativa dos governantes e as evidências que as investigações colocavam na mesa funcionou como um combustível para a derrocada da esquerda. É condenável desviar dinheiro público, quebrar empresas estatais. É repugnante fazer tudo isso e seguir dizendo que o assalto não existiu e que a denúncia é apenas uma forma de luta política das elites, dos brancos, de pessoas de olhos azuis, moradores de bairros da alta classe média.

Era uma tentativa desesperada de buscar a identificação com os pobres, de confiar na sua própria tese de divisão do mundo entre o bem e o mal. Os mais ingênuos acreditaram. Os mais convencidos pelo script marxista da história também. Para esses, era difícil acreditar que seu partido era dirigido por bandidos que assaltavam os cofres públicos para manter o domínio político e enriquecer pessoalmente.

A dificuldade de aceitar algumas fendas no edifício ideológico às vezes nasce do medo do colapso total da proposta política. Os crimes do stalinismo custaram a ser reconhecidos pela esquerda europeia porque eles colocavam em xeque toda uma construção mental, toda uma forma de encarar o mundo e se sentir superiormente envolvido em sua transformação qualitativa. É um momento em que política e religião se encontram e se entrelaçam.

Noto que estou procurando um sentido mais profundo para a derrocada das forças de esquerda. Talvez as coisas sejam mais superficiais. Negar apenas na esperança de que seu crime não seja provado. Negar sempre, como o teatrólogo Nelson Rodrigues aconselhava aos maridos infiéis quando descobertos.

Segundo impeachment
O segundo impeachment da história da ainda jovem democracia aconteceu com alguns aspectos diferentes do primeiro. Collor foi derrubado por corrupção; Dilma Rousseff, por irresponsabilidade fiscal. Ela usou decretos

O impeachment: Dilma deixa o Planalto acompanhada de apoiadores e parlamentares, em 2016.
ROBERTO STUCKERT FILHO / PRESIDÊNCIA DA REPÚBLICA

secretos, não conhecidos do Congresso, para complementar o orçamento.

Apesar de toda a oposição ao impeachment, ele aconteceu com abundância de votos na Câmara dos Deputados. Foi chamado de golpe. No entanto, seguiu todos os preceitos legais, sendo supervisionado pelo Supremo Tribunal Federal.

A verdade é que o processo de corrupção arrasou o que restava da credibilidade do sistema político. E a negação sistemática fez as pessoas entenderem que, além de avançar sobre os recursos públicos, o bloco do governo subestimava a inteligência popular.

Num quarto de século, dois presidentes foram derrubados por impeachment. Muitos acusaram a jovem democracia brasileira de imaturidade. Mas como chegar à maturidade sem passar por esses obstáculos?

Quando Dilma Rousseff caiu, alguns analistas concluíram que o presidencialismo de coalizão era o principal responsável pela fragilidade do próprio sistema político brasileiro. Na época havia 36 partidos inscritos, 27 com assento no Parlamento. Como navegar com firmeza diante de tanta fragmentação, como conquistar maioria sem utilizar os eficazes métodos de comprar deputados?

O processo de impeachment revelou também outras fragilidades. Uma delas é a existência de um grande número de deputados e senadores investigados pelo Supremo Tribunal Federal. Na época, eram 90.

Alguns desses processos rolam durante anos e terminam com a prescrição, isto é, com a impunidade.

O Supremo Tribunal Federal não está aparelhado para cuidar de tudo, e sua natural lentidão acaba transmitindo uma atmosfera de paralisia.

Tudo isso acontece porque deputados e senadores têm foro especial, só podem ser julgados pelo STF. Em outros países, eles são julgados de forma especial apenas quando se trata de sua liberdade de expressão ou voto.

A multiplicidade partidária e o chamado foro especial ganharam um novo destaque depois do impeachment. Não é necessário apenas derrubar presidentes, mas alterar as condições que os tornam tão decadentes e expostos à execração pública.

Caderno de anotações 22. **Democracia tropical**

Nossos verdes anos democráticos não aconteceram num vácuo histórico internacional. Foram profundas mudanças nem tanto na estrutura política, mas na maneira como vemos e transformamos o mundo. Essas mudanças vieram da tecnologia e, grosso modo, podem ser chamadas de revolução digital.

Lembro-me de ter usado a internet em campanhas eleitorais a partir de 1994. Nessa época, seu papel ainda era insignificante. Como era estranha às autoridades eleitorais, elas não permitiram, naquele momento, que se arrecadasse dinheiro de simpatizantes por meio dela.

Só depois da virada do século é que revelou sua crescente importância. Em 2008, por exemplo, foi possível construir através dela uma rede de 10 mil voluntários em nossa campanha para a prefeitura do Rio. Eram pessoas que não dependiam tanto de uma direção centralizada. Planejavam e realizavam suas ações de forma independente.

Naquele momento e naquela cidade específica, a internet permitiu uma campanha com mais de um milhão de visualizações no seu canal no YouTube. Aos poucos, o território da política ia sendo reconfigurado de acordo com a revolução tecnológica.

As transformações irreversíveis que já aconteciam em outros setores – como o da imprensa, por exemplo – iam se registrando em outras dimensões de nosso cotidiano e, fatalmente, contribuindo para sacudir a sonolenta província do poder político.

CABRAL CHEGOU POR ACASO?

O GLOBO *18/11/2016*

Com todo o respeito pelas pessoas que ficaram atônitas com a prisão de Sérgio Cabral, para muitos de nós, ela já estava demorando. Os indícios de que Cabral enriquecia e os habitantes do estado ficavam mais pobres não datam de hoje, quando se tornaram escandalosamente visíveis. As imagens que se repetem hoje, dos homens usando guardanapos na cabeça após jantares luxuosos ou das mulheres ostentando os sapatos Christian Louboutin, foram divulgadas há alguns anos. As relações promíscuas com o empresário Fernando Cavendish também ficaram explícitas com um desastre de helicóptero na Bahia.

Nada acontecia com Cabral. Aqui e ali, vazamentos de delações premiadas indicavam seu nome. Mas até algumas semanas atrás ele dizia que tinha tudo para andar nas ruas de cabeça erguida. Desde 2013 as ruas ficaram bastante desconfortáveis para ele. No entanto, nada acontecia na dimensão legal.

Cabral viveu a euforia do petróleo, momentos de riqueza que escorreram pelos dedos mas reforçaram nele sua sensação de importância. Além disso, era o amigo de Lula, o homem que ordenava as obras federais.

Talvez haja um traço de arrogância juvenil em sua personalidade. O fato é que as circunstâncias o transformaram num homem autoconfiante que tinha como objetivo viver a vida dos muito ricos. Onde comem? Com que helicópteros se deslocam? Que joias cobrem o corpo de suas mulheres? A queda de Sérgio Cabral é apenas mais um dado do fim de uma época, marcada pela crise do petróleo, pela descoberta da corrupção sistêmica e pela quebradeira do Rio.

Com todo o respeito pelos atônitos, pelos distraídos, há muitos anos Cabral já deveria ter sido desmascarado. Quando ele declarou, em 2010, que sua casa em Mangaratiba valia só R$ 200 mil e contestei no TRE, perdi a causa e quase fui processado.

A Justiça do Rio sempre foi muito gentil com ele. Todo o establishment, aliás. O estado nadava em dinheiro, o PMDB parecia o horizonte possível de nossa felicidade.

Cabral aconteceu por acaso ou sua efêmera glória foi intencional? Perguntas que valeram para 1500 podem ter alguma utilidade aqui e agora.

Caderno de anotações 23. **Caiu na rede**

As grandes manifestações de 2013 marcaram o início de uma nova época. Elas começaram com um simples protesto contra o aumento de preços nos transportes coletivos. Mas se expandiram a ponto de sacudir todos os governos. Até aquele momento, só se conheciam grandes manifestações convocadas por forças políticas organizadas, partidos, sindicatos.

Como foi possível juntar tanta gente? E como foi possível que as aspirações fossem também, aos poucos, sintetizando um desejo de serviços públicos decentes num país com alta carga de impostos mas que não dá de volta o que recebe?

Havia outros componentes em jogo. Uma certa revolta com a organização da Copa do Mundo no Brasil. Por que gastar tanto dinheiro com estádios suntuosos num país de escolas pobres, estradas esburacadas, hospitais em ruína?

As manifestações de 2013 encontraram as respostas clássicas dos governos: promessas, pactos, comissões, enfim, uma forma de ganhar tempo à espera de atenuar a fúria popular.

Em 2015, tudo voltaria com um foco bem mais preciso. A sentida ineficácia dos serviços públicos não se devia apenas à incompetência do governo. Havia o problema da corrupção, que se tornara mais visível com os primeiros movimentos da Operação Lava Jato. De novo, organizou-se um movimento nacional, dessa vez com uma simples palavra de ordem: impeachment.

Seria uma simplificação reduzir tudo a uma luta pelo impeachment. Outros temas também eram discutidos. A visão da esquerda foi colocada em xeque, abrindo espaço

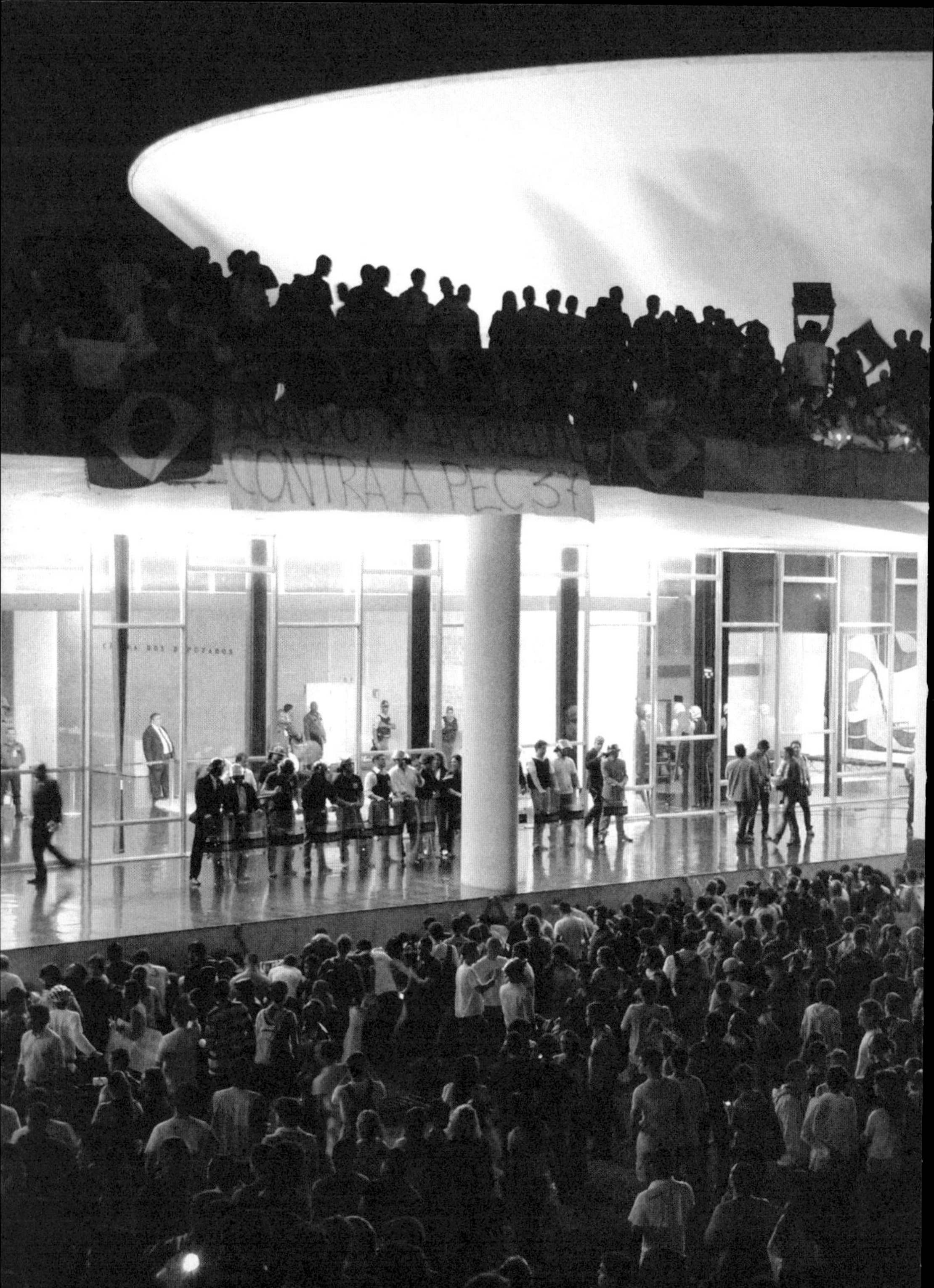

CONTRA A PEC37

Manifestantes ocupam a parte externa do
Congresso Nacional nos protestos de 2013.
VALTER CAMPANATO / AGÊNCIA BRASIL

para forças contrárias e para uma reorganização do campo político que vai do centro do espectro até as correntes radicais à direita que pedem a volta da ditadura militar.

Formou-se uma frente pelo impeachment, mas, ao mesmo tempo, ela suscitou um debate que questionava os fundamentos da política de esquerda. Tentei explicar isso de várias formas, na época. Uma delas estava na oposição de cores. Os defensores do impeachment vestiam-se de amarelo; a esquerda, de vermelho.

Essa tensão cromática refletia uma tendência nacionalista contra uma internacionalista. Mas não era exatamente assim. Usei a política externa do Brasil como exemplo. A esquerda havia triunfado nas eleições, mas não poderia aplicar uma política partidária e estreita, de ênfase e colaboração com Cuba e os governos bolivarianos.

Não se tratava de uma simples questão esquerda-direita, amarelo ou vermelho. Os vencedores numa eleição presidencial têm seu enfoque próprio, mas sempre tendem a realizar uma política de interesse nacional, que leve em conta inclusive as expectativas da própria oposição.

Não foi isso que aconteceu. Recursos nacionais foram canalizados, através do BNDES, para Cuba, Venezuela e outros países, sem debates e praticamente sob sigilo. Em duas oportunidades, entre outras, Lula demonstrou uma tosca visão do mundo. Na primeira, comparou a oposição iraniana, que protestava em Teerã, com torcidas de futebol; na segunda, afirmou que os prisioneiros políticos cubanos eram comparáveis aos bandidos do PCC, a organização criminosa que atua em São Paulo.

Dessa forma, eram distorcidas todas as lutas importantes que poderiam conduzir a esquerda a um encontro com o mundo moderno. Os direitos humanos tornaram-se direitos dos que pensam da mesma forma. Foi subtraída do conceito a ideia de universalidade: ou todos são humanos, ou tudo é apenas uma farsa partidária.

Os equívocos se estenderam a outros temas que deveriam estar acima de uma estreita visão ideológica. A esquerda,

Manifestantes mascarados, uma
tônica nas manifestações de 2013.
URBANO ERBISTE / EXTRA / AGÊNCIA O GLOBO

no princípio, sentiu-se desconfortável com o movimento gay. Mais tarde, passou a cooptá-lo e, sem grandes reflexões sobre o tema, assumiu como pauta de governo algumas bandeiras do próprio movimento.

Isso levou à produção de cartilhas destinadas a educar as crianças sobre orientações sexuais. Para um movimento isso é mais ou menos natural. Mas um governo não poderia ignorar um grande número de famílias que quer a exclusividade na educação sexual dos filhos. A ausência de mediações acabou dando margem a críticas pesadas contra a interferência do Estado em temas que deveriam passar pelo crivo familiar.

O resultado final de tudo isso foi não apenas uma derrocada da própria esquerda, mas também uma desconfiança em relação a muitas de suas bandeiras. São questões suprapartidárias, mas foram entendidas como exclusividade de um governo e de uma tendência que entravam em liquidação pelos seus profundos erros.

Uma das vítimas colaterais desse fracasso foi o conceito de direitos humanos, que só tem valor porque é universal. Muitos brasileiros passaram a vê-lo como uma luta exclusiva da esquerda, que por sua vez reduzia a humanidade aos que pensam da mesma forma que ela.

ENLOUQUECER CALMAMENTE

O ESTADO DE S. PAULO *18/11/2016*

No mundo que enlouquece rápido, o Brasil tem feito seu dever de casa. Nem tudo aqui parece fazer sentido. Sou, por exemplo, favorável ao avanço das investigações da Operação Lava Jato até que o tema seja esgotado. Sou também contra o abuso de autoridade, do guarda da esquina ao presidente da República. No Brasil esses temas parecem contraditórios. A sensação que nos passa é de uma tragédia, no sentido que Hegel dava a essa palavra: um inevitável choque do certo contra o certo, situações em que, independentemente da escolha, sempre cairemos num erro.

Olhando de perto as coisas ficam mais claras. A lei de abuso de autoridade está sendo conduzida por Renan Calheiros e será votada por gente que, como ele, está correndo da polícia por implicações em vários crimes. Ela não é urgente. Nem se pode dizer que a existência da Lava Jato a justifique. A quase totalidade das questões levantadas contra a operação foi rejeitada pelo Supremo. Renan Calheiros convidou Sergio Moro para debater a lei de abuso de autoridade. No fundo, quer a presença do juiz para legitimar um processo que ele controla, pois conhece seus pares e sabe que a grande tarefa do momento é neutralizar a Lava Jato. Renan Calheiros deveria ser julgado e preso. No entanto, decidiu enfrentar o Judiciário.

Sua ideia de criar uma comissão para coibir supersalários é correta. Os supersalários são ilegais. É mais uma situação delicada na qual precisamos navegar. Não se pode bombardear a ideia de aplicação da lei nem considerá-la uma afronta ao Judiciário. É apenas uma lei que não pegou mas precisa pegar.

É muito possível que Renan queira enfrentar o Judiciário. E que conte com a ajuda do Palácio do Planalto. Mas aí, no meu entender, reside a loucura principal. Renan tem 12 processos no Supremo. Qualquer um deles poderia resultar em sua cassação e numa temporada na cadeia. No entanto, ele desafia e até ironiza seus aliados mais discretos, como Jucá, dizendo que já esgotaram sua cota de coragem. Não há dúvida de que Renan está sendo corajoso, jogando sua carreira e liberdade enquanto os outros se escondem.

Mas, se Renan é tão corajoso, o que dizer do Supremo? Ostenta o oposto simétrico da coragem?

A cúpula do PMDB, Renan à frente, decidiu enfrentar a Justiça, dobrá-la de acordo com seus objetivos. Para isso conta com o exército de investigados por crimes diversos, gente que também deveria já estar condenada pelo próprio Supremo. Sendo bastante realista, é possível concluir que, se os corruptos vencerem a parada, triunfarem, na verdade, farão do STF um poder artificial, sem a garra necessária para enfrentar as quadrilhas que habitam a mesma praça.

Outra loucura é a história de anistiar o caixa 2. Sempre defendi a tese de que a história não recomeça do zero, que é impensável destituir todos os políticos, abrindo espaço para aventuras mais perigosas ainda.

A delação da Odebrecht é uma promessa de fim de mundo. Mas não será. Entre os nomes da lista, há os que receberam dinheiro em troca de favores oficiais – consequentemente, prejuízo para o país. Mas há também os que talvez tenham recebido sem dar nada em troca, até registrando as doações nas contas de campanha.

Entre os que não registram doações, há os que recebem dinheiro legalmente obtido pelos doadores. E há os que recebem dinheiro de origem ilegal, como, por exemplo, nas áreas do tráfico de drogas e milícias.

Tudo isso, de alguma forma, já é contemplado pela legislação brasileira. Fazer uma lei a toque de caixa para anistiar precisamente o caixa 2 pretérito não é a melhor saída para enfrentar o problema da extinção da espécie. O mais prudente é esperar a delação da Odebrecht, desejando que saia o mais rápido possível, e, em função da realidade, separar mortos e feridos, arranhões e fraturas expostas.

As leis de abuso de autoridade e as que definem melhor o comportamento eleitoral são necessárias para o país. Mas podem esperar que as coisas se esclareçam. Depois da delação da Odebrecht, por exemplo, ficará bem claro se o Congresso tem legitimidade para votar algo sobre o caixa 2. É possível que os dados nos convençam a permanecer com as leis existentes até que ele se renove em 2018.

Quanto ao abuso de autoridade, a lei deve ser modernizada. Mas, no meu entender, não é esse o ponto principal. O problema no Brasil é a indiferença. Basta olhar para todos os cantos com o rigor com que advogados, políticos e imprensa olharam para a Lava Jato para perceber que o buraco é mais embaixo: o abuso de autoridade é uma realidade cotidiana tão presente que parece um fato da natureza. Lula já reclamou até na ONU; milhares que sofreram real abuso não chegaram nem à delegacia da esquina.

Julgar e prender Renan Calheiros, acabar com os supersalários, onde quer que existam no Estado, falar de legislação sobre caixa 2 após a delação da Odebrecht e, finalmente, avaliar abuso de autoridade com os olhos de um cidadão, e não de bandidos fugindo da polícia, são passos que, no meu entender, trariam mais lógica ao processo.

A não ser que eu esteja um pouco louco também, o que é possível neste mundo caótico.

Como entender o argumento de Temer contra a prisão de Lula? Segundo ele, não é bom quando movimentos sociais questionam o Judiciário. Se for assim, líderes de movimentos sociais têm imunidade. E, se considerarmos a expressão movimentos sociais em sentido mais amplo, a imunidade vale para líderes religiosos, cantores com multidões de admiradores – enfim, damos uma cotovelada na República, como presente de aniversário. No fundo, ele queria dizer "não façam isso no meu plantão, já está confuso demais". Mas teria de encontrar outro argumento ou, como fazem os presidentes, não se manifestar sobre um processo em curso na Justiça.

Se queria ajudar Lula, acabou prejudicando, pois associa sua liberdade não a presumível inocência, mas à fúria dos movimentos sociais. Se queria atemorizar os juízes, acabou provocando. É duro substituir Dilma nos desastres verbais, mas Temer está fazendo todo o possível.

Caderno de anotações 24. **O fator smartphone**

A quebra do monopólio estatal nas telecomunicações foi um marco. No momento em que aconteceu, nossa preocupação era a de universalizar o acesso aos telefones. Os aparelhos celulares ainda eram grandes demais e pouco faziam além de transmitir voz. O potencial de inclusão digital que a multiplicação de aparelhos trazia consigo ainda não era percebido claramente.

De um lado, havia projetos e preocupações com os telefones. De outro, projetos de inclusão digital, todos apoiados no computador como plataforma.

Ninguém poderia imaginar ainda que o verdadeiro processo de inclusão digital se faria pelos smartphones que surgiram mais tarde.

Num processo de democratização recente há muitos personagens, muitas tramas. No entanto, esse simples instrumento ocupou para mim um papel de grande destaque.

Pela primeira vez na história, o sistema político, com suas deformações, foi exposto amplamente. Notícias, vídeos, mapas, animações, memes – tudo circulando com abundância e relativa rapidez.

A virada digital alterou os termos da luta política. O sistema subitamente pareceu velho e superado. No entanto, não foram apenas os internautas com sua visão crítica que ganharam poder com os smartphones.

Os novos meios tecnológicos colocam nas mãos do próprio governo a possibilidade de se renovar, racionalizar seus gastos e ganhar mais eficácia com a interatividade. Experiências isoladas de governança com ajuda da internet chegaram a ser praticadas em Curitiba e tive a oportunidade de conhecê-las.

Era um sistema que recolhia reclamações pela rede, dispondo-se a dar, em 48 horas, uma resposta ao cidadão. Ao recolher a demanda, o governo perguntava se a pessoa queria colaborar com ele. Com isso, além de estabelecer melhor contato com os cidadãos, foi possível montar um grupo de colaboradores que, teoricamente, poderia orientar os passos administrativos. Por exemplo: se o governo quisesse fazer uma praça na região, consultava seus colaboradores da área.

Seria uma boa ideia ou as necessidades são outras?

Assim como no episódio que derrubou o governo petista, a política nunca mais será a mesma, pois agora é observada de perto por milhões de pessoas. Também os governos do futuro nunca mais serão os mesmos.

Estão dadas as condições tecnológicas e subjetivas para a mudança. A comunicação avançou de forma espetacular e a própria sociedade produziu movimentos pelo impeachment que, certamente, resultarão também no surgimento de novos quadros políticos.

Mesmo que o surgimento de novos quadros seja grande, não será capaz de substituir tudo o que existe no sistema político arruinado. A história nunca recomeça do zero. Ela seria impensável sem continuidade. O sistema chegou ao seu fim com mortos e feridos. Será preciso aproveitar os feridos e ressuscitar alguns mortos por um curto tempo.

Essa nova configuração humana é que deverá impulsionar as inadiáveis mudanças no Brasil.

A revolução dos smartphones
TANATAT / SHUTTERSTOCK

QUE PAÍS É ESSE?

O GLOBO *27/11/2016*

Gostaria de ter ido a Salvador para conhecer e mostrar a Igreja de Santo Antônio da Barra, o Forte de São Diogo e o Cemitério dos Ingleses. Na igreja, você assiste à missa e contempla a Baía de Todos os Santos. O Forte de São Diogo foi erguido para defender o flanco sul da cidade, no tempo em que Salvador era a capital do Brasil.

Só que os inimigos não chegaram pelo mar. Vieram de dentro de Salvador, capitaneados por Geddel Vieira Lima. Construiriam um prédio de 30 andares, que, segundo o Iphan, arquitetos e moradores, arruinaria a paisagem.

Felizmente, a paisagem foi salva. Geddel tentou pressionar o ministro da Cultura, mas acabou perdendo a batalha. Quase continuou no cargo. O governo Temer é feito de cumplicidades pretéritas com o objetivo de escapar da Lava Jato. Ao tentar manter Geddel no cargo, Temer queria impedir que ele caísse nas mãos de Sergio Moro. Ele é investigado pela Lava Jato. O apartamento de Geddel no prédio La Vue custou R$ 2,5 milhões. Ou comprou, ou ganhou. Em ambas as hipóteses, aumentaria a suspeição da Lava Jato.

Lembro-me de Geddel ainda na década de 1990. Antônio Carlos Magalhães divulgou um dossiê intitulado "Geddel vai às compras". Os líderes políticos que, inutilmente, lhe deram apoio para evitar sua queda são uma espécie de Bessias, aquele mensageiro cuja missão era evitar que Lula caísse nas mãos de Moro. Não adiantaria muito tentar salvar Geddel, esconder-se nas barras das togas dos ministros do Supremo. A grande delação da Odebrecht vai colocar todo o mundo político na roda.

Existem fortes manobras para decretar uma autoanistia. Essas manobras são conduzidas por Renan Calheiros e Rodrigo Maia, mas têm o apoio de Temer. Eles acreditam que podem deter a Operação Lava Jato através de um golpe parlamentar. Na verdade, podem aumentar a irritação popular com eles e transformar a delação da Odebrecht num genocídio da espécie.

Temer e a cúpula do PMDB, embora estejam trabalhando para estabilizar a economia, confirmam as piores suspeitas. Seu grande objetivo é desmontar a Lava Jato. Considerei o impeachment um momento importante para atenuar a crise brasileira. Achei que era preciso dar um crédito inicial de confiança para que o desastre econômico fosse reparado. Pouco se avançou nesse campo. Mas eles andam rápido no projeto de autoblindagem.

O que não faz o medo? Se Temer, Moreira, Geddel e Padilha, o quarteto do Palácio, partem para essa luta com Renan Calheiros e Rodrigo Maia, o jovem ancião da política brasileira, eles abrem uma nova frente. Quais são seus motivos? Geddel, por exemplo, já aparece em algumas delações premiadas. Seu enriquecimento é visível. Moreira Franco, também citado cobrando propinas em obras de aeroporto, e Padilha, como Geddel, são velhos sobreviventes. ACM o chamava de Eliseu Quadrilha. O próprio Temer tem dois apelidos na delação da Odebrecht.

No momento em que abrem o jogo, não deixam outro caminho a não ser o de uma oposição implacável. Contam com um grande número de deputados e senadores, mas esses estão apenas cavando mais profundamente sua sepultura. Comandados por Renan Calheiros e o quarteto do Palácio, os políticos brasileiros temem encarar a sua batalha decisiva. Ou liberam a corrupção que sempre os alimentou, ou vão para o inferno.

Na biografia de Renato Russo há menções a Geddel Vieira Lima, que frequentava a mesma escola do cantor. Geddel chegava sempre num carro verde e dizia que seu sonho era ser político. Renato Russo o achava insuportável. O que diria hoje diante da bela paisagem que Geddel ameaçava em Salvador?

Não pude ir à Bahia porque a crise no Rio me levou aos presídios de Bangu. Agora que um ex-governador está lá dentro, vale a pena conhecer o que é aquilo. Passei uma noite em claro para documentar o esforço das famílias em visitar os presos. Existe uma visão geral de que as famílias também são culpadas e devem pagar um pouco pelos crimes de seus filhos, pais e maridos. É um equívoco. Com a prisão de Cabral, o sistema penitenciário tem dois caminhos: ou cria um regime de exceção para ele e sua família, ou racionaliza a visita de todos os 26 mil presos no complexo. Parece mais fácil criar um regime de exceção. Mas, com um bom aplicativo, o que leva horas de espera, pegar uma senha, poderia ser feito pelo telefone. Pelo menos, os problemas com Cabral em Bangu são mais fáceis de equacionar do que os da cúpula do PMDB.

Presos, ainda dão trabalho. Muito menos, no entanto, do que a Renan Calheiros e ao núcleo do Planalto, que mantêm o poder em Brasília e trabalham, intensamente, numa blindagem de aço especial que consiga, simultaneamente, anular a Lava Jato com suas evidências e a opinião pública com sua justificada fúria.

Que país é esse? Renato Russo dizia na letra da canção: "Na morte eu descanso/ mas o sangue anda solto/ manchando os papéis e documentos fiéis." Como Cabral, Geddel foi às compras. Roubar uma paisagem de nada adianta, porque, na cadeia, o que se vê é o sol nascer quadrado.

Caderno de anotações 25. Choque de democracia

A Operação Lava Jato inovou positivamente ao afirmar que todos são iguais perante a lei. Foi um choque de democracia para um povo pouco habituado a ver poderosos empresários na cadeia. Aliás, essa ideia já estava implícita no julgamento do chamado Mensalão. Graças ao empenho do ministro Joaquim Barbosa, alguns importantes políticos foram condenados e presos.

Desmontar o esquema de corrupção das grandes empreiteiras será decisivo também para a ideia do planejamento no Brasil. Antes da Lava Jato, havia planos de governo, mas nem todos ancorados nas necessidades objetivas do país. Muitas obras eram aspirações e prioridades das grandes empresas.

Transformações significativas são esperadas também no próprio processo eleitoral. O financiamento de campanha será público e deve contar apenas com a contribuição de indivíduos. O antigo método baseado na doação das grandes empresas foi, pelo menos temporariamente, banido. Ele se mostrou viciado, uma vez que as empresas que financiam os governos são as mesmas que negociam obras faraônicas e embutem no preço final não apenas as doações legais, mas também as clandestinas, que envolvem, mais claramente, a corrupção do poder político.

A fase dos sofisticados programas de televisão no chamado horário de propaganda eleitoral gratuita deve ser encerrada. Nem todos perceberam ainda que não existe horário gratuito de propaganda política. Ele é pago, indiretamente, por isenções fiscais.

Agora será difícil financiar programas luxuosos como os do passado apenas com dinheiro público e contribuições individuais. Independentemente disso, eles serão olhados mais com desconfiança do que com deslumbramento. De onde veio o dinheiro para tudo isso?, perguntarão os eleitores.

Joaquim Barbosa, ex-presidente do Supremo Tribunal Federal, durante sessão de julgamento dos réus do mensalão.
FABIO RODRIGUES POZZEBOM / AGÊNCIA BRASIL

Dínamo

Foram surpreendentes os caminhos que a democracia brasileira trilhou. Pessoalmente, de uma certa forma, obrigaram-me a um movimento pendular nesse meio século. No auge da Guerra Fria, deixei o trabalho no ramo das comunicações por achar que a política era o território das grandes mudanças. O avanço tecnológico me convenceu do contrário: estamos na era das tecnologias da comunicação e da informação e é aí que está o maior dínamo das transformações.

O poder individual não aumentou apenas porque há mais transparência e debate sobre o universo político. O salto tecnológico permitiu que o mundo se tornasse mais próximo. Novas ferramentas abriram o caminho para novas fontes de renda e profissões. O que parecia impossível no passado, como uma detalhada consulta médica a distância, hoje é realidade.

Suspeito que a política nunca mais ocupará o espaço totalizante que teve no passado. Dificilmente líderes carismáticos vão emergir com propostas convincentes para mudar nosso destino. Essa suspeição se fortalece também com as transformações que o Estado sofreu nas últimas décadas, uma tendência de encolher para se restringir às suas funções essenciais.

Tudo isso não significa o fim da política e o fim do Estado. Ambos devem desempenhar um papel mais modesto num mundo em que outros dínamos se fazem presentes. Ao analisar a chamada revolução sexual, cujo objetivo era liberar o prazer das obrigações reprodutivas, todos concordam com a importância da pílula anticoncepcional. Houve muita luta, sutiãs rasgados, confissões patéticas, mas a pílula anticoncepcional foi o que chamamos de um game changer.

Não tenho ainda uma base teórica suficientemente robusta para avançar nesse campo. No entanto, não me parece acidental que o declínio da política coincida com o das ciências humanas, ofuscadas pelo surgimento de divulgadores científicos que hoje ocupam as vitrines das livrarias e listas de best-sellers.

As descobertas científicas abriram caminho para novas explicações do mundo, reduzindo a importância dos intelectuais tradicionais.

Já em 1963 o britânico C. P. Snow chamava esse encontro dos cientistas com o público em geral de a Terceira Cultura. Questões a respeito da formação do Universo, da origem da vida e do funcionamento da própria mente humana são respondidas agora com a ajuda da biologia, da genética, da ciência computacional, da neuropsicologia, da matemática e da física.

Minha hipótese é a de que não só o processo histórico, com seus ensinamentos, como também a evolução do saber científico tornam utopias políticas cada vez mais questionáveis.

Uma vez, na cadeia, ainda nos anos de chumbo, o poeta Affonso Romano de Sant'Anna me visitou e falou sobre a proximidade dos revolucionários e dos místicos. Ambos queriam ser a encarnação da verdade, a antecipação de um mundo sem injustiças. Não entendi imediatamente.

Mulher protesta contra o sutiã em frente a uma loja de departamentos, em São Francisco, EUA, em 1969.
BETTMANN / GETTY IMAGES

A REALIDADE E OS ROMÂNTICOS DE CUBA "LIBRE"

O GLOBO *27/11/2016*

A revolução cubana, Fidel Castro, Ernesto Che Guevara e Sierra Maestra sempre incendiaram o romantismo revolucionário no Brasil. O auge dessa paixão foi a tentativa de reproduzir a experiência cubana aqui. Ela nos chegou no livro de Régis Debray *Revolução na revolução*. A experiência foi um fracasso, mas não se pode atribuí-lo apenas às teses de Debray.

Muitos grupos revolucionários brasileiros passaram por Cuba, tentando aprender *in loco* os segredos daquele êxito. O romantismo revolucionário continuou sendo a lente preferencial para o enfoque da experiência cubana. O próprio Sartre olhou por essa lente em *Furacão sobre Cuba*.

Os intelectuais europeus já tinham vivido experiência semelhante ao mitificar Stalin e demorar a reconhecer seus crimes. Talvez por isso, o romantismo revolucionário lá tenha sido mais brando. No Brasil, nos privou de ver em detalhes o que se passava em Cuba. *Antes que anoiteça*, do poeta Reinaldo Arenas, nos deu uma ideia de como uma geração de intelectuais foi destruída pela repressão.

O papel histórico de Fidel era mais amplo do que o julgamento de intelectuais. A revolução cubana equacionou os problemas de saúde e educação de uma forma que impressionava os visitantes. Além disso, com sua resiliência à pressão americana, sobrevivente de centenas de tentativas de assassinato, vitorioso ao repelir a invasão da Baía dos Porcos, Fidel tornou-se um ator planetário ao trazer a Guerra Fria para poucas milhas dos Estados Unidos.

E disso me lembro também: a Crise dos Mísseis de 1962. Ali estava em jogo a história da humanidade, uma possível terceira guerra mundial. A crise num pequeno país do Caribe poderia mandar para o espaço todo o planeta – momento em que o mundo estava fixado em Cuba. Rússia e os EUA resolveram, mas a ilha foi o cenário de um quase apocalipse.

Fidel era um excelente orador. Falava horas e ouvi alguns dos seus discursos. No fundo da plateia, as pessoas dançavam e cantavam. Ele apresentava a conjuntura internacional, descrevia o estado do país, definia as tarefas prioritárias, combatia os Estados Unidos, fazia uma digressão histórica, enfim, dizia o que realizar e como resistir.

Tantas mortes, tanto exílio, tanta tortura, os fuzilamentos inaugurais da revolução, tudo isso valeu a pena? Olhando para o lado, para a Costa Rica, os românticos teriam um tema para refletir.

Caderno de anotações **26. Futuro**

Lembrei-me de novo de George Steiner e da nostalgia do absoluto. Nela há a esperança de redenção, de habitar um mundo despojado de suas imperfeições. É compreensível que o avanço da ciência tenha abalado alguns fundamentos religiosos e, ainda por cima, enfraquecido as utopias políticas.

Corre-se o perigo de a ciência tornar-se também uma espécie de religião, uma expectativa de solução de todos os problemas. Mas sua própria estrutura de autoquestionamento e de verificação constante a protege, parcialmente, desse impulso.

No campo da ecologia, muitos chegam a depositar todas as suas fichas em soluções científicas e tecnológicas. É um exagero. Por outro lado, ficou bastante claro, nos últimos anos, que o avanço das bandeiras ecológicas não pode se limitar aos discursos e manifestações políticas. Sem uma aproximação íntima entre ciência e política ambiental não se chegará a lugar nenhum.

Olhando para trás, a realidade que se desdobra é mais modesta que nossas esperanças. E ela está enredada num invólucro global que determina parcialmente seu curso e complica a previsão sobre seu futuro.

Por mais baratas que sejam as campanhas políticas, dificilmente vão escapar da crescente predominância da imagem. E com ela também o apelo à emoção, em detrimento de argumentos racionais. A tendência de negar as evidências substituindo-as por uma narrativa também não vai desaparecer.

ENQUANTO O BRASIL CHORAVA

O ESTADO DE S. PAULO 2/12/2016

Na madrugada, como costumam sempre fazer, os deputados votaram um texto destinado a golpear a Lava Jato e intimidar os procuradores e juízes. Dessa vez uma madrugada de luto pela queda do avião da Chapecoense, desastre que impactou o mundo.

Temer prometeu vetar a anistia para o caixa 2 e outros crimes. Mas não mencionou o tema da represália à Justiça, uma das grandes aspirações de Renan Calheiros.

O Brasil está diante de uma afronta espetacular: deputados investigados por corrupção determinam os limites dos próprios investigadores. Denunciar sua manobra não significa conciliar com abuso de autoridade, mas apenas enfatizar que legislaram em causa própria. No Brasil são os bandidos que determinam como e o que pode ser feito contra eles.

O que existe mesmo, como ação central, é uma tentativa de neutralizar a Operação Lava Jato, sobretudo às vésperas da divulgação dos depoimentos da Odebrecht. O caminho foi interferir nas "10 Medidas Contra a Corrupção".

Interferir na proposta, na verdade, é um atributo do Congresso. Assim como não deve simplesmente carimbar medidas do governo, o Congresso não pode apenas carimbar medidas que se originam na sociedade.

Não há nenhum problema em cortar exageros, em adequar ao texto constitucional, etc. A crise começa quando decidem confrontar a Lava Jato e outras investigações. Em primeiro lugar, com manobras sobre uma anistia impossível; em segundo lugar, aprovando uma lei de controle de autoridade que não pertencia à proposta original.

Aliás, esse tema pertence a Renan Calheiros, com 12 investigações no Supremo Tribunal Federal. A Câmara dos Deputados antecipou-se a ele porque, com o êxito da Lava Jato, a contraofensiva parlamentar tornou-se a principal tarefa para bloquear as mudanças.

Não dá. Assim como não deu para o governo transformar-se num grupinho de amigos do Geddel e pressionar para que o prédio La Vue fosse construído com 30 andares.

Renan Calheiros segue sendo a maior ameaça. É curioso como um homem investigado 12 vezes coloca como sua tarefa principal controlar a Justiça. Com a votação da Câmara ele recebeu um alento. Renan e os deputados caminham para impedir que o Brasil se proteja dos assaltantes que o levaram à ruína.

Renan tem influência. Há os que pensam, como ele, que é preciso torpedear a Lava Jato e há os que não ousavam combatê-lo, mas agora começam a perceber que foi longe demais. E o derrotaram no plenário do Senado, impedindo a urgência na lei da intimidação.

Renan desenvolve o mesmo estilo de Eduardo Cunha, o cinismo, e usa o cargo para se proteger da polícia. Enfim, Renan delira, como Cunha delirava. A melhor saída é que eles se encontrem em Curitiba. Na ânsia de sobreviver, não hesitam em agravar a situação do país, já em crise profunda.

A votação escondida num momento de luto, tudo isso é muito esclarecedor sobre a gravidade do desafio que lançaram. O sonho dourado dos políticos corruptos ainda em liberdade não é apenas deter as investigações. Eles querem reproduzir o momento anterior, em que assaltavam os cofres das estatais, vendiam artigos, emendas, frases, às vezes até um adjetivo.

Romero Jucá é um craque nessa arte. Ele conseguiu passar uma lei que permite a repatriação do dinheiro de parentes de políticos. E não se expôs. Jogou apenas com a incompetência da oposição.

Os membros da apodrecida cúpula do PMDB precisam ser julgados. Enquanto estiverem no poder, estarão tramando uma volta ao passado, porque é esse o território em que enriqueceram. Eles sabem que nada é tão fácil como antes, caso contrário Sérgio Cabral estaria em Paris aquecendo o bumbum em privadas polonesas.

O problema no Brasil é julgar gente com foro especial. O Supremo é um órgão atravancado por milhares de processos.

Uma razão a mais para julgar os políticos investigados com urgência é que estão legislando em causa própria. Depois de tantas investigações, tanta gente na rua, é incrível que o Brasil continue sendo dirigido pelo mesmo grupo que o assaltou.

É inegável que houve avanços, muito dinheiro foi restituído. Dirigentes do PT estão na cadeia, assim como alguns dos principais empreiteiros do país. Entretanto, quem conseguiu escapar até agora organiza a resistência, prepara-se para o combate e só descansará quando puder de novo roubar em paz.

Esta semana me lembrei do Glauber Rocha. Num de seus diálogos mais geniais, um personagem dizia: "Já não sei mais quem é o adversário." Se a sociedade e a Justiça tiverem dúvidas sobre quem é, podem pagar caro por essa hesitação.

O movimento inspirado por Calheiros e iniciado com êxito na Câmara é, no fundo, uma provocação irresponsável. O Congresso, recentemente, já foi invadido por gente indignada com a corrupção. Toda a luta pelo impeachment foi conduzida de uma forma pacífica. Todavia se torna mais difícil evitar a radicalização, uma vez que deputados e senadores já mal podiam andar pelas ruas antes mesmo de golpearem a Lava Jato.

Será preciso muita habilidade e paciência para julgá-los e prendê-los. Se isso não for feito logo, o Brasil merecerá o nome que Ivan Lessa lhe dava nos seus textos bem-humorados: Bananão. Não nos deixam outro caminho senão lutar com todas as forças, como se tivéssemos sido invadidos por alienígenas de terno e gravata.

Depois de nove anos, o primeiro inquérito em que Renan Calheiros é acusado finalmente entrou na pauta do Supremo para ser julgado. O silêncio dos ministros ao longo de todos esses anos contribuiu para que ele se sentisse impune. Se escolheram esta semana para absolvê-lo, então aí terão, ainda que involuntariamente, se tornado numa força auxiliar do crime político. Se condenado na primeira ação, Renan começará a arrumar as malas para Curitiba. Lá nasceram os demais inquéritos e lá já estão outros que deliram com riqueza e poder. Como Eduardo Cunha.

Caderno de anotações **27. Nova ordem mundial**

A degradação da atmosfera internacional pode conduzir à reavaliação da política de direitos humanos. A grande promessa do capitalismo em relação ao feudalismo não poderá ser cumprida na sua amplitude: os trabalhadores são livres para buscar trabalho onde lhes parecer mais favorável.

O século prematuramente inaugurado com a queda do Muro de Berlim, ao contrário das promessas, pode produzir inúmeros pequenos muros. A crise no Oriente Médio, o terrorismo, a maciça imigração para o Ocidente – tudo contribuiu para o ressurgimento de correntes nacionalistas e xenofóbicas.

Muitos dos fatores que corroem a jovem democracia brasileira estão presentes nos grandes países do mundo. Um deles é a transformação da política em espetáculo, o que abre, na crise, um generoso caminho para aventureiros e populistas que se apresentam como salvadores dotados de fórmulas mágicas.

Precisaria de um caderno especial para explicar como a maior democracia do mundo, os Estados Unidos, produziu um fenômeno como Donald Trump.

A vitória de Trump me fez voltar atrás nos anos. Ela pode ser vista como uma derrota dos que veem a globalização como um processo irresistível. Muitos dos eleitores de Trump parecem sentir-se perdedores nessa nova ordem

Fugindo da guerra na Síria, em 2014.
STRINGER / REUTERS / LATINSTOCK

Estados Unidos: Donald Trump, o populismo de direita no poder. Bangor, Maine, EUA, 15/10/2016.
BRIANNA SOUKUP / PORTLAND PRESS HERALD / GETTY IMAGES

econômica e sonham com os velhos bons tempos. Esse mesmo sentimento esteve presente na Inglaterra, no Brexit, a saída da União Europeia.

Mas, para mim, a vitória de Trump iluminou também os reflexos da política de multiculturalismo, aquela que, de certa forma, substituiu a luta de classes. As novas correntes migratórias aumentaram as demandas por uma identidade cultural e trouxeram também elementos religiosos que dão ao choque de culturas uma conotação sangrenta com o crescimento do terrorismo.

Nesse processo, as maiorias nacionais sentiram-se ameaçadas e marginalizadas num mundo em que as mudanças são muito rápidas. Num artigo sobre a vitória de Trump, chamei atenção para uma frase que um de seus eleitores gritou diante das câmeras: "Foda-se o politicamente correto."

Homem protesta em Londres contra Donald Trump, em 2016.
MARC WARD / ALAMY / LATINSTOCK

O ANO DA ENCRUZILHADA

O GLOBO *11/12/2016*

E se nunca pudermos sair de 2016? Esta pergunta me impressionou, embora fosse apenas uma piada. O ano foi tão intenso que parece um longo pesadelo. Talvez tenha sido intenso para todos, mas aqui no Brasil, com a profunda crise econômica e um toque de realismo fantástico, 2016 foi mais assustador. Às vezes penso que toda essa intensidade não se deve apenas ao ano que termina. Num mundo conectado, muitos de nós consultam a internet de 15 em 15 minutos e ficam desapontados quando não acontece nada.

Nossa demanda por fatos novos parece ter aumentado. O Brasil tem sido generoso, embora os fatos sejam quase sempre negativos e não nos levem, necessariamente, a lugar nenhum. Ferreira Gullar dizia que a vida não basta, daí a importância da arte. Goethe, por sua vez, dizia que a arte é um esforço dos vivos para criar um sistema de ilusões que nos protege da realidade cruel. Dentro de um universo mais amplo, a política também deveria ser um sistema de ilusões que nos ampara da brutalidade do real. Cármen Lúcia, de uma certa maneira, expressou isso quando disse ou democracia ou guerra, referindo-se a uma possível falência do Estado, o que nos jogaria numa batalha de todos contra todos.

Navegamos em águas tempestuosas. O processo político que era destinado a melhorar nossa convivência tornou-se, ele mesmo, uma expressão da realidade mais tosca e brutal. Renan Calheiros foi para a cama com sua amante e até hoje estamos tentando tirá-lo do cargo, não por suas aventuras amorosas, mas por um enlace mais perigoso entre empreiteiros e políticos. Ele não cai por uma paixão proibida, mas sim porque defende o vínculo com os financiadores das campanhas, riqueza pessoal e até dos seus momentos românticos. Renan é um general na luta contra a Lava Jato, embora Lula reclame esse posto e ninguém lhe dê muita atenção no momento. O papel histórico de Renan foi coordenar uma reação às investigações, usando como pretexto a lei de abuso de autoridade. Mesmo se um general cair, e nada mais sustenta Renan exceto gente correndo da polícia, a batalha final entre um sistema de corrupção estabelecido e as forças que querem destruí-lo ainda não chegará ao final.

E é essa batalha, com a nitidez às vezes perturbada pelas peripécias individuais, que está em jogo. Na verdade, ela está, nesse momento, apontando para uma vitória popular. Quando digo vitória, digo apenas tomada de consciência. O sistema de corrupção que a Lava Jato enfrenta, com apoio da sociedade, é muito antigo e poderoso. E essa batalha vai lançar luz na antiguidade e no poder da corrupção no Brasil. O próprio STF é um órgão do velho Brasil, organizado burocraticamente para proteger os políticos envolvidos. Jornalistas que combateram o governo petista agora hesitam diante da manifestação popular. "Vocês estão fortalecendo o PT", dizem eles. Como se a ascensão de um presidente do PT, um partido arrasado nas urnas, conseguisse deter um projeto de recuperação econômica, já votado pela maioria. Se 60 senadores que votaram no primeiro turno não se impõem sobre Jorge Viana é porque são uns bundões ineficazes e não mereciam estar onde estão. Infelizmente, a coisa é mais complicada. Usaram de tudo para combater a Lava Jato. Agora dissociam a luta contra a corrupção da luta para soerguer a economia. E dizem que uma prejudica a outra. Coisas do Planalto. Não importa muito se Renan fica alguns dias, se Jorge Viana vai enfrentar os senadores e a realidade nacional. O que importa mesmo é o fato de que a sociedade está atenta, acompanha cada movimento, e não se deixa mais enganar com facilidade.

Um personagem do realismo fantástico, Roberto Requião, disse que os manifestantes deveriam comer alfafa. Os que não gostam de ver povo na rua argumentam sempre com mais cuidado. Requião foi ao ponto, pisando sem a elegância de um manga-larga ou um quarto de milha. As manifestações incomodam. Revelam uma sociedade atenta, registrando cada detalhe das covardes traições dos seus representantes. Ela teve força para derrubar uma presidente. Claro que precisará de uma força maior para derrubar todo o sistema de corrupção que move a política brasileira. Um sistema muito forte. Um STF encardido, incapaz de se sintonizar com o Brasil moderno; um tipo de imprensa que atribui o desemprego e a crise econômica à Lava Jato e não aos equívocos e à roubalheira do governo deposto; e, finalmente, os guardiões de direitos humanos dos empreiteiros e senadores, incapazes de se comover com a vida mesmo e as pessoas que são esmagadas pelas autoridades.

Está tudo ficando cristalino e esta é uma das grandes qualidades de crises profundas. Se o Congresso quiser marchar contra a vontade popular, que marche. Se o Supremo continuar essa enganação para proteger políticos, que continue. Importante é a sociedade compreender isso com clareza. E convenhamos: se quiser tolerar tudo, que tolere. A chance de dar uma virada e construir instituições democráticas está ao alcance das mãos. Com um décimo da audácia dos bandidos, as pessoas bem-intencionadas resolvem essa parada.

Caderno de anotações 28. Ficar para mudar

Neste mundo problemático o Brasil precisa renovar sua democracia com duas gigantescas tarefas pela frente: recuperação econômica e reforma política. Essa última foi tantas vezes mencionada que hoje soa mais como um álibi para bloquear mudanças do que como uma proposta realmente transformadora.

Dificilmente, com os dados que tenho hoje, apontaria uma reforma política satisfatória no contexto brasileiro. No entanto, na medida em que o Congresso se encolhe e a ferrugem paralisa sua engrenagem, cresce o espaço para a participação da sociedade.

A Lei da Ficha Limpa, que impede a candidatura de condenados pela justiça, nasceu de uma iniciativa popular. O projeto das Dez Medidas contra a Corrupção chegou ao Congresso com 2,2 milhões de assinaturas, a partir de uma iniciativa de procuradores federais.

Uma atmosfera mais provável nos faz acreditar que uma eventual reforma política será fatiada e dependerá da iniciativa da própria sociedade. Os políticos não se movem na direção da mudança. No entanto, quando se tem êxito em colocar um projeto na pauta, com votação aberta, o resultado tende a ser favorável às aspirações populares.

A reconstrução econômica não é destinada apenas à retomada de um crescimento insustentável, como tem sido o brasileiro. Ela influencia diretamente o universo político e contribui, à sua maneira, para o controle da corrupção. Um dos seus aspectos fundamentais é reduzir o peso da máquina do Estado, racionalizar um processo que joga milhões de reais pelo ralo.

A simples redução dos chamados cargos de confiança diminuirá também a influência dos partidos na máquina estatal. Com um Estado do tamanho adequado aos recursos do país e uma presença maior de funcionários concursados contrai-se o espaço da corrupção.

Os anos de populismo nivelaram o progresso material a um simples aumento de consumo. Se as pessoas estão comprando e vendendo, está tudo bem, vive-se uma sensação de prosperidade e euforia. No entanto, é evidente que o investimento prioritário no consumo deixa de lado a infraestrutura, mina as bases do próprio crescimento.

Quem viaja e escreve nas estradas brasileiras sabe muito bem da sua importância. Outros fatores devem fortalecer a consciência da fragilidade de um crescimento insustentável.

Algumas pessoas no Brasil ficaram surpresas com tantas referências na imprensa estrangeira à decadência das lagoas do Rio e da própria baía de Guanabara.

As Olimpíadas nos devolveram, através do olhar dos estrangeiros, a imagem que tanto resistimos a encarar dentro do Brasil: a falta de saneamento básico. Foi preciso um grande evento esportivo nacional para que um abismo se mostrasse evidente. Um abismo entre o século XIX e o século XXI. Um problema resolvido por alguns países há muito tempo não deixaria de ser um escândalo em 2016.

A falta de saneamento básico é um fracasso de toda uma geração de políticos no Brasil, na qual me incluo. As grandes empreiteiras também têm um papel de peso nesse fracasso.

No período pré-Lava Jato, as construtoras determinavam o planejamento no Brasil. As obras eram feitas de acordo com seus interesses, e não a partir das necessidades coletivas.

Obras subterrâneas não dão votos. O saneamento tende a sumir do radar quando a política se torna um espetáculo. Mas sua ausência cobra um alto preço: aumenta os gastos com a própria saúde.

É uma imposição racional. O impacto negativo na imagem do Brasil talvez ajude a formular uma compreensão mais ampla. Quem já percebeu isso começa a desafiar a hierarquia do espetáculo. Foi o que aconteceu em determinado momento, quando um governo demagogo ofereceu aos moradores da Rocinha um teleférico. Eles responderam com uma exigência: saneamento básico.

Muitos que vivem em áreas saneadas concluem que o problema é dos outros, dos que se instalaram precariamente nas metrópoles. A destruição das lagoas da Barra da Tijuca, no Rio, mostra que o problema é muito mais amplo do que o banheiro do próprio apartamento.

No verão de 2016, cobri para a TV o surto de zika no Nordeste, especialmente em Pernambuco. Já conhecíamos a dengue. Supus que o surto de zika e de chicungunha teria impacto suficiente para que o país desse conta de sua fragilidade sanitária. Mas temos uma tendência a pensar no verão as coisas do verão, no inverno as coisas do inverno.

Ao percorrer a região metropolitana de Recife, pude perceber que muitos lugares eram tão poluídos que, mesmo sem os perigosos vírus transmitidos pelo Aedes aegypti, *alguma coisa ruim iria acontecer. Basta consultar os números das doenças de transmissão hídrica nas áreas mais pobres.*

Durante a ditadura, os militares lançaram um slogan: "Brasil, ame-o ou deixe-o." Essa alternativa não existe para quem, como eu, investiu sua vida no país. Amar no sentido de aceitar o Brasil como ele é acaba sendo também uma hipótese inaceitável. Só há um caminho: ficar para mudar. O que não deixa de ser uma forma de amar nem sempre reconhecida pelos eventuais ocupantes do poder.

Aos 76 anos, chegando, portanto, ao fim da vida, não vislumbro ainda toda a trajetória dessa nova fase da democracia brasileira. As filhas, o neto engatinhando, as coisas seguem seu rumo, a história do Brasil nem começa nem termina com outros. O consolo nesta longa viagem seria deixá-las um pouco melhor do que as recebemos.

Poluição na baía de Guanabara,
Rio de Janeiro, 2011.
JOÃO LUIZ BULCÃO / TYBA

LEIA UM TRECHO DE OUTRO LIVRO DO AUTOR

O que é isso, companheiro?

Parte I: Homem correndo da polícia

Irarrazabal chama-se a rua por onde caminhávamos em setembro. É um nome inesquecível porque jamais conseguimos pronunciá-lo corretamente em espanhol e porque foi ali, pela primeira vez, que vimos passar um caminhão cheio de cadáveres. Era uma tarde de setembro de 1973, em Santiago do Chile, perto da praça Nunoa, a apenas alguns minutos do toque de recolher.

Caminhávamos rumo à Embaixada da Argentina, deixando para trás uma parte gelada da Cordilheira dos Andes e tendo à nossa esquerda o Estádio Nacional, para onde convergia o grosso do tráfego militar na área.

Na esquina com a rua Holanda, somos abordados por alguém que nos pede fogo. Uma pessoa parada na esquina. Parecia incrível que se pudesse estar parado ali, naquele momento. Vera me olhou com espanto e compreendi de estalo o que queria dizer:

– Coitado, vai cair em breve nas mãos da polícia.

Ele se curva para acender o cigarro e vemos seus dedos amarelos. A chama do fósforo ressalta as olheiras de quem dormiu pouco ou nem dormiu. Certamente era de esquerda o cara parado na esquina. E, como nós, estava transtornado com o golpe militar, tentando reatar os inúmeros vínculos emocionais e políticos que se rompem num momento desses.

Tive vontade de aconselhá-lo: se cuida, toma um banho, não dá bandeira, se manda, sai desta esquina. Mas compreendi, muito rapidamente, que seria absurdo parar para conversar na esquina da Irarrazabal com Holanda, naquele princípio de primavera.

Nós também estávamos numa situação difícil. A alguns minutos do toque de recolher, a meio caminho da Embaixada da Argentina, nossas chances eram estas: ou saltávamos para dentro dos jardins e ganhávamos asilo político, ou ficávamos na rua, em pleno toque de recolher. Se ficássemos na rua com certeza seríamos presos e teríamos, pelo menos, algumas noites de tortura para explicar o que estávamos fazendo no Chile durante a virada sangrenta que derrubou a Unidade Popular. Pessoalmente teria de explicar por que me chamava Diogo e era equatoriano. E não me chamava Diogo nem era equatoriano. Tratava-se de um passaporte falso, de um português que emigrara para Quito, e que me dava margem para falar espanhol com sotaque. Português naturalizado equatoriano, caminhando ao lado de uma brasileira e de uma alemã, sem tempo portanto para dar conselhos.

Pois, como ia dizendo, estávamos numa situação difícil. Na melhor das hipóteses, venceríamos a vigilância dos *carabineros* e cruzaríamos os jardins da Embaixada. Começaria aí um exílio dentro do exílio, dessa vez mais longo e doloroso porque as ditaduras militares estavam fechando o cerco no continente. Na melhor das hipóteses, portanto, iríamos sofrer muito.

No entanto, era preciso correr. Correr rápido para chegar a tempo e meio disfarçado para não chamar a atenção dos carros militares. E, talvez, o cara da esquina nem fosse de esquerda. Foi assim, nessa corrida meio culpada, que me ocorreu a ideia: se escapo de mais esta, escrevo um livro contando como foi tudo. Tudo? Apenas o que se viu nesses dez anos, de 1968 para cá, ou melhor, a fatia que me coube viver e recordar.

Este, portanto, é o livro de um homem correndo da polícia, tentando compreender como é que se meteu, de repente, no meio da Irarrazabal, se apenas cinco anos antes estava correndo da Ouvidor para a Rio Branco, num dos grupos que fariam mais uma demonstração contra a ditadura militar que tomara o poder em 1964. Onde é mesmo que estávamos quando tudo começou?

Sinceramente que saí buscando um pouco de ar fresco. A sala do copidesque do *JB* tinha uma luz branca e, depois de certo tempo de trabalho, cansava. Era melhor sair para o balcão, olhar a avenida Rio Branco, ver o trânsito fluir rumo ao sul da cidade. Gente voltando do trabalho, no fim da tarde. De repente, não sei como, cinquenta pessoas se reúnem no meio da rua, tiram suas faixas e cartazes e gritam: "Abaixo a ditadura!" Como? Os carros não podem se mexer: é uma passeata. Mil coisas estavam acontecendo nos telegramas empilhados na minha mesa: guerras, terremotos, golpes de Estado. Ali, diante dos meus olhos, cinquenta pessoas com faixas e cartazes, iluminadas pelos faróis e meio envoltas na fumaça dos canos de descarga, avançavam contra o trânsito. "Mais verba, menos tanques, abaixo a ditadura!", gritavam. Lembrei-me da minha terra. O Guarani Futebol Clube batido mais uma vez, pelo mesmo adversário, irrompendo na rua Vitorino Braga com sua bandeira azul e branca, cantando "Em Juiz de Fora quem Manda sou Eu". Aquelas pessoas gritando na rua, a vida seguindo seu curso, o trânsito engarrafado por alguns minutos, tudo isso me fazia pensar. O rosto dos jogadores do Guarani, nossas camisas meio rasgadas, a gente de cabeça erguida enquanto todos atacavam seu macarrão de domingo, macarrão com ovos marca Mira, vinho Moscatel.

Tudo parecia já muito remoto depois do golpe de Estado no Chile, com os cachorros latindo e o ruído dos helicópteros patrulhando a cidade. Daí a pouco chamariam para voltar ao trabalho, mas a demonstração estudantil não ia sair fácil da minha cabeça. Desde 1964 que estava buscando aquela gente, e aquela gente, creio, desde 1964, preparava seu encontro com as pessoas olhando da sacada da avenida Rio Branco.

Em 1964 eu tinha dois empregos. Um era no *Jornal do Brasil*, outro no *Panfleto*, semanário da ala esquerda do PTB que, mais tarde, depois do golpe, iria sobreviver de forma autônoma como Movimento Nacionalista Revolucionário, MNR. No *JB*, trabalhava como redator; no *Panfleto*, como subsecretário de oficinas. Os dois empregos tinham uma importante função para mim. Num trabalhava de acordo com minhas ideias e, no outro, trabalhava para ganhar dinheiro. Isto é ótimo para um depoimento retocado. Na verdade, havia outro interesse, um pouco mais baixo, mas importante também: O *JB* pagava por mês e o *Panfleto*, dirigido por amigos, dava alguns vales que nos permitiam tocar o barco cotidiano. E, afinal, não era um barco muito pesado: vivíamos em cinco num apartamento do 200 da Barata Ribeiro e o aluguel não custava muito, assim dividido por cinco pessoas. Todos éramos jornalistas começando carreira. Quase todos comiam no trabalho e, uma vez ou outra, ali no Beco da Fome, que ficava bem perto de casa. Alguns participavam do Grupo dos 11, uma forma de organização que o Brizola tinha proposto para a resistência ao golpe. Outros não estavam muito interessados, por desencanto, mal de amores ou mesmo problemas que iam explodindo na vida de cada um, um pouco indiferentes à crise nacional que se aproximava.

Quando irrompeu o golpe de 1964, ninguém ficou em casa. Os que participavam do Grupo dos 11 foram fazer a fila das armas do Aragão.

Nessa fila muita gente se encontrou, mas as armas não apareceram. Lembro-me de ter ido para a Cinelândia até o momento em que começaram a atirar nas pessoas, de dentro do Clube Militar. Um golpe de Estado – pelo menos foi o que senti nos dois que me atingiram – é um pouco como uma grande e emocionante peça de teatro. Quando termina, você sente um grande impulso para estar junto das pessoas de quem gosta, ou mesmo telefonar para saber se estão bem.

Um pouco tocado pelas balas do Clube Militar e um pouco tocado pela vontade de estar perto dos amigos, saí da Cinelândia. Para o *Panfleto* não adiantava voltar, pois os homens já haviam cercado tudo, recolhido os arquivos e empastelado a redação. Segui para o *JB* e encontrei um grupo de jornalistas na Rio Branco. Era o que procurava. Fomos juntos para o Sindicato dos Gráficos, onde resistiríamos. E nós, que pensávamos em resistir, acabamos sendo envolvidos na confusão geral que se armou para retirar os papéis, para escapar da polícia. Foi assim também com muita gente no Chile. Você diz que vai resistir, você parte para resistir, mas o que você vai fazer, de verdade, é fugir.

. . .

❖ ESTAÇÃO ❖
BRASIL

Estação Brasil é o ponto de encontro dos leitores que desejam redescobrir o Brasil. Queremos revisitar e revisar a história, discutir ideias, revelar as nossas belezas e denunciar as nossas misérias. Os livros da Estação Brasil misturam-se com o corpo e a alma de nosso país, e apontam para o futuro. E o nosso futuro será tanto melhor quanto mais e melhor conhecermos o nosso passado e a nós mesmos.